AUF ALLES VORBEREITET

Wie ein Zip-Beutel den Urlaub rettet und 222 andere
erprobte Tipps und Kniffe für entspanntes Reisen mit Kindern

Lifehacks –
Mit Kindern unterwegs

DUMONT

Wie ein ZIP-BEUTEL den Urlaub rettet

Von nützlichen Tipps und wunderbaren Erlebnissen

Die Ferne ruft und auf geht's mit den Kleinen in die große weite Welt. Teddy kommt natürlich auch mit! Endlich mal abschalten und wieder Zeit miteinander verbringen, so ganz ohne Schule und Arbeit. Schön wird das!

Doch ganz so glatt läuft es dann meist doch nicht. Die Warteschlangen am Flughafen sind lang, den Kleinen wird schlecht im Auto, und dann kommen auch noch Bauchschmerzen vom scharfen Essen und ein Sonnenbrand dazu. Toll für einen Lacher auf Familienfeiern in den folgenden Jahren. Aber von Erholung für die Eltern kann man da nicht gerade sprechen. Was sie jetzt dringend benötigen: einen gut gefüllten Zauberkasten voller Survival-Tipps, Tricks und Kniffe, die das Reisen mit Kindern vereinfachen.

Die Fragen ähneln sich in allen Familien: Wie finden wir eine familienfreundliche Unterkunft? Wie übersteht man mit kleinen Kindern entspannt einen Langstreckenflug? Was kann eine Autofahrt attraktiv machen? Und was tun, wenn am Urlaubsort das Gitterbett fehlt? In diesem Band findet ihr Antworten auf all diese Fragen, egal ob ihr mit dem Flugzeug, dem Zug oder mit dem Auto unterwegs seid.

Damit der nächste Familienurlaub zu einem erholsamen Erlebnis wird, an das sich Groß wie Klein noch Jahre später gern erinnern werden.

Silke Elzner

Das BESTE gegen

S☀NNEN-BRAND?

Ferien im Sauerland!

KALENDERSPRUCH

INHALTS-VERZEICHNIS

Nie mehr Langeweile

10 GRÜNDE, warum …

Vorfreu-ZEIT

Vorfreude ist die schönste Freude, und schon
eine gelungene Planung kann für Sonnenscheinstimmung sorgen.
Welches Urlaubsziel? Wann buche ich am besten?
Und wie bitteschön passt all dieses Gepäck in den Koffer?

Mit den Lifehacks, Tipps und Kniffen auf den nächsten Seiten
könnt ihr den Vorurlaubsstress minimieren.

Wohin soll's gehen?

**Kinder erinnern sich später
weniger an Orte als an Gefühle.**

Urlaub mit der Familie ist eigentlich
überall schön, da muss man nicht weit fahren.

Wichtig ist, sich wirklich Zeit für sie zu nehmen.
Egal, ob ihr dabei auf einem Kamelrücken
durch die Wüste reitet oder das heimische
Mittelgebirge erkundet.

② In die Ferne schweifen

**Weit, weiter, am weitesten – auch mit
Babys und Kleinkindern kein Problem.** Bedenkt aber vor der Wahl
des Urlaubsziels, dass selbst an bekannten Fernreisezielen
andere Alltagsbedingungen als zu Hause herrschen.
Die Website des Auswärtigen Amtes informiert über mögliche Gefahren
und Unwägbarkeiten, wie zum Beispiel Trinkwasserqualität,
politische Instabilität, gesundheitliche Risiken und die Möglichkeiten
medizinischer Versorgung vor Ort (www.auswaertiges-amt.de).

*Tipp: Rechtzeitiges Planen ist wichtig, denn einige Impfungen
müssen schon Wochen vorher verabreicht werden. Auskunft geben
der Kinderarzt oder das Tropeninstitut.*

③ Mitreden

Bindet die Kinder je nach Alter in die Planung mit ein. Fragt sie
nach ihren Vorlieben und schaut, ob es am Ferienort etwas gibt, auf das
sie sich schon vorher freuen können. Im Handel gibt es
für beliebte Reiseziele sogar Reiseführer speziell für Kinder.

*Ansonsten: Kompromisse zu finden und sich auch mal auf
neue Erfahrungen einzulassen ist ein wichtiger Teil des Großwerdens.*

④ Zusammen ist man weniger allein

Überlegt, ob es nicht mehr Spaß macht, mit der
erweiterten Familie oder mit Freunden in den Urlaub zu fahren.
Die Kinder haben so mehr Unterhaltung und bekommen mehr
Aufmerksamkeit, und die Erwachsenen können auch mal
abwechselnd kinderfreie Zeit genießen.

⑤ Früher Vogel oder letzte Minute?

Wer darauf angewiesen ist, während der Schulferien zu verreisen, tut gut daran, rechtzeitig zuzuschlagen – besonders bei beliebten Reisedestinationen.

Es ist keinesfalls übertrieben, den Sommerurlaub bereits im Januar zu buchen. Und vielleicht erwischt man ein attraktives Frühbucher-schnäppchen, das man jedoch vereinzelt auch noch bis März ergattern kann.

Familien mit noch nicht schulpflichtigen Kindern haben die größten Schnäppchenchancen um die zehn Wochen vor Reiseantritt. Wer flexibel bei Ferienort und Reisezeitpunkt ist, kann sich auch kurzfristig noch ein tolles Last-Minute-Angebot sichern.

Städtereisen brauchen keine so lange Vorlaufzeit. Hier reicht es, wenn man sich im April oder Mai um eine Buchung für den Sommer bemüht.

Tipp: Wer online bucht, sollte am Wochenende nach Angeboten schauen, da ist die Chance auf attraktive Angebote höher.

⑥ Die richtige Fluggesellschaft

Wählt eure Fluggesellschaft besonders bei Langstreckenflügen gezielt danach aus, ob sie einen guten Ruf bei Familien hat. Annehmlichkeiten wie ein tolles Unterhaltungssystem, attraktive Airline-Spielzeugbeutel und die Auswahl an kindergerechten Mahlzeiten an Bord machen sich im Vorurlaubs-Stimmungsbarometer sofort bemerkbar. Websites wie www.airlinetest.com liefern nützliche Informationen für die Auswahl.

⑦ Für den Fall der Fälle

Zahnweh? Ungeklärtes Fieber? Ein böser Treppensturz?
Wer das Risiko scheut, schließt vor dem Urlaub eine Reiseversicherung ab. Die Versicherungen beinhalten auch ein nützliches Arsenal an Notfall- und Hilfsnummern. Auch eine Reiserücktrittsversicherung ist sinnvoll, denn schnell können sich Umstände kurzfristig ändern.

Tipp: Die Leistungen von Reiseversicherungen sind sehr unterschiedlich. Auf der Website des Deutschen Instituts für Service-Qualität, www.disq.de, kann man nach aktuellen Empfehlungen schauen.

⑧ Wünsch dir was ...

Damit der Urlaubsalltag als Familie erholsam werden kann, überlegt vor der Buchung auch, was ihr euch wünscht: Babysitter, Kidsclub, Spa, Minigolf oder Tennisplätze? Denkt außerdem an Entfernungen, etwa zum Strand, in die Stadt, zu Sehenswürdigkeiten. Auch ob am Frühstücksbuffet eine Mikrowelle steht und das Hotelpersonal kinderfreundlich ist, erfahrt ihr am besten, indem ihr die User-Kommentare auf gängigen Bewertungsportalen und Buchungs-Websites wie www.tripadvisor.de studiert.

9 Eine gute Wahl

**Mehr Platz, mehr Räume und mehr Privatsphäre,
dazu die Vorteile einer eigenen Küche:**
Ferienapartments sind eine gute Wahl für alle, die auch im Urlaub
unabhängig bleiben wollen. Hier kann man unkompliziert Fläschchen
zubereiten oder auch mal eine schnelle Portion Spaghetti, wenn die Bagage
hungrig vom Strand kommt. Ein weiterer Vorteil für Eltern:
unbegrenzter Zugriff auf eine Kaffeemaschine!

10 Abschauen erlaubt!

**Viele Familienreiseblogger teilen großzügig
persönliche Erfahrungen mit ihren Lesern und
bieten wertvolle Einblicke in die Familientauglichkeit von
Destinationen auf der ganzen Welt.**

Sucht nach geeigneten Blogs nicht nur in den gängigen Suchmaschinen,
sondern auch auf Pinterest, Facebook, Instagram und Flipboard.
Gezielte Suchbegriffe sind unter anderem »Familienreiseblog«
und »(Destination) mit Kind Blog«.

In den sozialen Netzwerken werden häufig Hashtags wie
#familienreisen und *#familienreiseblog* zum Auffinden
entsprechender Inhalte verwendet.

11 Kurze Wege für kurze Beine

Manches erweist sich bei der Quartierwahl als richtig sinnvoll,
auch wenn es vielleicht etwas mehr kostet.
Eine zentrale Lage der Unterkunft etwa. Das erspart lange Wege
nach dem Tagesprogramm zurück zum Hotel, auch ein Lebensmittel-
geschäft ist meist direkt um die Ecke. Überhaupt ist man dank
einer geschickt gewählten Unterkunft schneller und unkomplizierter da,
wo man hin will. Kinder haben nun mal kurze Beine, und Taxen
oder Busse sind nicht immer eine Option.

12 Startlinie

Jetzt ist es so weit – gleich geht es los.
Geht die Anreise komplett einmal Schritt für Schritt im Kopf durch:
Münzen in der Tasche für den Gepäckwagen?
Hoteladresse dabei, am besten aufgeschrieben für den Taxifahrer?
Kleingeld oder Kreditkarte gut greifbar im Auto für Mautgebühren?
Kugelschreiber griffbereit für die Einreisekarte am Flughafen?
Handy aufgeladen?
Na, dann kann ja nichts mehr schiefgehen!

13 Länger urlaubsfrisch

Auch wenn es so kurz vor dem Urlaub
ein wenig hektisch sein mag: Legt für die Kinder schon mal
die Lieblingspyjamas raus und haltet ihr Lieblingsessen bereit.
Nichts lässt die Erholung schneller verfliegen als
die Rückkehr in ein unaufgeräumtes, kaltes Haus
mit vergammelten Lebensmitteln im Kühlschrank.
Frisch bezogene Betten und eine gut vorbereitete Küche
machen den Neustart zu Hause so richtig schön.

ZZZZZZ

ZZZZZZ

(14) Für den Familienfrieden

**Vergisst oder übersieht
man leicht einmal, kann am Urlaubsort
aber zu Unmut führen, deshalb:**
Wenn euch eure Privatsphäre lieb ist und
ihr auf einen guten Schlaf Wert legt, dann
bucht eine Unterkunft mit Türen.

ZZZZZZ

Das können zwei nebeneinander-
liegende Hotelzimmer sein, eine Suite oder
ein kleines Ferienapartment.
Hauptsache, der Urlaubstag ist nicht bereits
zu Ende, wenn die Kleinen schlafen gehen,
und man kann auch noch
Dinge miteinander tun, bei denen die Kinder
nicht unbedingt Zeuge werden sollen.
Schließlich seid ihr ja im Urlaub!

⑮ Parkplatzgarantie

Gerade wer mit kleinen Kindern reist, möchte nicht jeden Tag mehrfach um den Block fahren, um einen leeren Parkplatz zu ergattern. Cityhotels haben oftmals keine eigenen Stellplätze, manchmal verweisen sie – ohne Garantie – auf einen kostenpflichtigen Parkplatz in der Nähe. Erkundigt euch vor der Anreise, was euch erwartet, und vergesst nicht, gegebenenfalls die nicht ganz unwesentlichen Parkkosten im Reisebudget einzuplanen.

Tipp: Wenn ihr auf Nummer sicher gehen und auch ein wenig Geld sparen wollt, versucht euer Glück auf einschlägigen Parkplatzbuchungs-Websites wie www.parclick.de, www.contipark.de und www.parkvia.com, die alle europaweit agieren.

⑯ Profis schreiben Packlisten

Verliert beim Packen nicht den Überblick!
Stellt euch in einem ruhigen Moment eine Liste zusammen, entweder
ganz old-school per Zettel am Kühlschrank oder als Notiz im Smartphone
für die guten Einfälle unterwegs.
Auch das Internet kann helfen, schaut mal bei www.packlisten.org.

Geht im Geiste die potenziellen Aktivitäten durch:
Was braucht man im Flugzeug, im Badezimmer, zum Frühstück,
beim Naturausflug oder zur Stadtbegehung. Fangt mit der Liste bei
einem großen Urlaub am besten schon Wochen vorher an
und vergesst nicht, die einzelnen Punkte nach dem Einpacken
auch abzuhaken, sonst wird es unübersichtlich.

⑰ App in den Urlaub

Für Smartphone-Addicts gibt es natürlich auch Pack-Apps.
Kostenlos sind »Pack The Bag« fürs iPhone oder
»UrlaubsCheckliste & Packliste« für Android, kostenpflichtig ist
der »PackPoint Reisebegleiter« für alle Geräte.
Hier könnt ihr eure Listen speichern und habt sie so gleich
für den nächsten Trip parat.
Nur packen müsst ihr trotzdem noch selbst!

⑱ Kinderfreie Zone

Am besten sammelt ihr alle Dinge, die ihr einpacken möchtet,
gut sichtbar in verschiedenen Wäschekörben.
Und das in einer kinderfreien Zone, sonst verschwinden daraus
womöglich wieder wichtige Dinge, die am Ende
nicht mehr den Weg in den Koffer finden.

19 Teddy darf auch mit

Natürlich darf jedes Kind entscheiden,
welches Lieblingskuscheltier mit auf die Reise kommen darf.
Etwas Bekanntes, Liebgewonnenes dabeizuhaben hilft im Urlaub schon mal
über akutes Heimweh hinweg. Die meisten anderen Gepäckentscheidungen
gehören jedoch in Elternhand. Sonst gibt es schnell Chaos und am Ende ist
der Koffer voller Lego, aber die meisten Klamotten fehlen.

20 Einmalig

Ihr steht übernächtigt am Gepäckband,
um euch herum großes Gedränge, dann sind da auch noch die Kinder –
und lauter gleich aussehende Koffer ...
Um euch das Leben in dieser Situation zu vereinfachen, sorgt dafür,
dass eure Gepäckstücke schnell wiederzuerkennen sind:
Benutzt ein buntes Kofferband, wählt eine auffallende Farbe
für den Koffer oder erlaubt euren Kindern, ihn mit fröhlichen Stickern
oder einem Schleifenband zu verzieren.

21 Beweisfoto

Macht vor dem Schließen der Koffer
ein Foto mit dem Handy vom Inhalt, dann fotografiert auch noch
die Außenseiten des Koffers in geschlossenem Zustand.
Müsst ihr euer Gepäckstück beschreiben oder die Inhalte benennen,
könnt ihr euch auf diese Fotos berufen.

22 Koffer plus

Kinder lieben kleine Köfferchen! Ein sogenanntes Trunki mit Rollen
darunter lässt sich im Flughafenterminal bequem ziehen,
kleine Kinder können sogar gut darauf sitzen. Größere Kinder dürfen
es mit Dingen für unterwegs selbst packen.

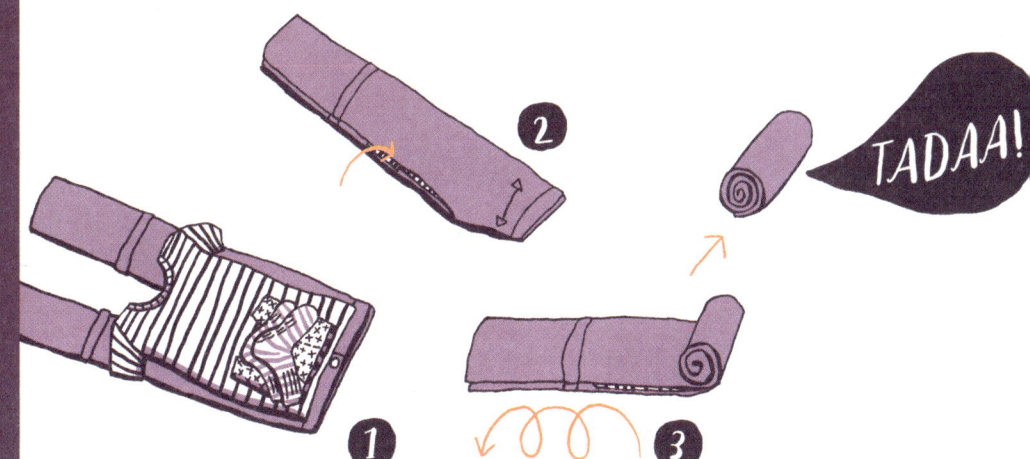

23 Tagesportionen

Legt zusammen, was ihr jeweils an einem Tag
euch selbst und den Kindern anziehen wollt.
Oberteile, Unterwäsche, Socken. Legt die großen Teile aufs Bett
und platziert Socken und Unterwäsche darauf.
Dann rollt ihr alles ordentlich zu einem kleinen Päckchen zusammen.
So kommt nichts durcheinander und eure Sachen bleiben knitterfrei.
Wer will, kann die einzelnen Rollen auch in Tüten packen
und so noch besser auseinanderhalten.

24 Lieber gut gezogen als schlecht getragen

Bei all dem Kram, den man mit Kindern so
mit sich führen muss, macht es euch so einfach wie möglich
und wählt Handgepäckstücke mit Rollen.

Rucksäcke und Taschen mit vielen Unterteilungen sind praktisch,
damit ihr auch Kleinteile schnell wiederfindet.

25 Reiseapotheke für Familien

**Je nach Reiseziel und Alter der Kinder
gehört Folgendes in die Familienreiseapotheke:** Pflaster, Insektenschutz,
Desinfektionsspray für Hände und Oberflächen, Fieberthermometer,
fiebersenkendes Schmerzmittel, antiseptische Creme für Insektenstiche und
kleinere Schrammen, Kinderzahnpasta, Zinkcreme, eine weiche Bürste,
Nagelknipser, Zeckenzange, Wund- und Pflegecreme.

Je nach Urlaubsregion gut dabeizuhaben:
Sonnenmilch, Medizin gegen Reisekrankheit, ein sanftes Durchfallmittel.

Hilfreich können zudem sein: Nasenspray und Lippenpflegestift.

Weiteres Badzubehör, das das Leben unterwegs vereinfacht:
Waschlappen (dazu eignen sich auf Reisen schnell
trocknende Mikrofaserputztücher), Feuchttücher, Windeln, Töpfchen
oder eine Aufsatz-Klobrille.

26 Badesachen ins Handgepäck

**Ihr checkt auf einem Schiff ein oder kommt noch
vor dem offiziellen Hotel-Check-in im warmen Ferienort an?**
Dann packt Bikini und Co. gleich mit ins Handgepäck.
Denn am Pool lässt sich die Wartezeit, bis das Zimmer zur Verfügung steht,
doch deutlich besser überbrücken.

27 Erstversorgung

Selbstverpfleger können, anstatt alles komplett vor Ort zu kaufen
und die Reste dann wegzuwerfen,
Basics wie Essig und Öl, Pfeffer und Salz, Ketchup, Senf in
kleinen Portionen gut abgepackt mitnehmen. Dazu eignen sich Kontakt-
linsenbehälter, Bonbondosen und Werbefläschchen.
Das gilt natürlich auch für Shampoo, Duschgel und Babycreme.

28 Walkie-Talkies

Walkie-Talkies sind toll auf Reisen:
Kinder können damit im Wald spielen, den Campingplatz erkunden
oder – aufgeteilt zwischen Kindern und Eltern – am Strand mal außer Sicht-
weite verschwinden, ohne dass man sich gleich Sorgen machen muss.
Sehr praktisch sind sie, wenn die Eltern sich im Hotelzimmer
nebenan aufhalten oder im Restaurant noch ein wenig sitzen bleiben,
während die Kinder im Hotelzimmer fernsehen.

29 Baby on board

Glücklicherweise erlauben die meisten Fluggesellschaften
größere Mengen an Handgepäck, wenn man mit kleinen Kindern reist.
So bleiben Wechselkleidung, Trinkflasche, Windeln, eine Windelwechsel-
decke, Feuchttücher, Plastiktüten, Papiertaschentücher, Spielzeug
und Snacks auch unterwegs immer griffbereit.

Erfahrene Flugeltern packen pro Flugstunde übrigens eine Windel ein.
Bei einem Sechs-Stunden-Flug sind das also sechs Windeln.

30 Sorglos in den Pool

Tipp für Kleinkindereltern: Packt für den Strand und insbesondere für
den Pool unbedingt Schwimmwindeln ein. Hier lohnt sich das Extra-Gepäck,
denn selbst in gut entwickelten Urlaubsregionen kann es wertvolle Freizeit
kosten, erst einmal herauszufinden, wo man sie kaufen kann.

③ Platzsparendes Packen

Gewusst wie, passt mehr in den Koffer und zerknittert weniger. Und so geht's:

1. Socken und Unterwäsche sowie Adapter und ähnliche Kleinteile kommen in die Schuhe, um den Platz darin optimal zu nutzen.

2. Die Schuhe dann unten in den Koffer packen, sodass sie sich versetzt gegenüberliegen. Den Platz rund um die Schuhe mit weiteren Kleinteilen, zum Beispiel aufgerollten T-Shirts, Stramplern, Strumpfhosen etc. auffüllen, bis eine ebene Fläche entsteht.

3. Jetzt kommt die nächste Schicht: lange Hosen, Röcke, Jacken, Kleider auflegen, und zwar so, dass immer auf einer Kofferseite ungefähr die Hälfte des Kleidungsstücks herausragt.

Dann faltet diese **4.** abwechselnd zur Koffermitte übereinander.

5. Oben drauf kommt lose eine Stoff- oder Wäschetasche, die dafür sorgt, dass Luft aus den Lagen herausgepresst wird, ohne dass Knitter entstehen. Darauf legt ihr alles, was nicht Kleidungsstück ist, also Toilettenartikel, Bücher, Spielsachen etc. Platziert diese in der Mitte für maximalen Schutz.

6. Ihr wollt noch Kragenhemden unterbringen? Diese am Ende auflegen, ordentlich gefaltet natürlich. Gürtel könnt ihr ganz Packprofi-like zusammengerollt in die Hemdkragen einpassen, so werden diese nicht plattgedrückt. Und nun: Koffer zu!

32 Wash & Go

Mit wenigen Zutaten kann man unterwegs prima Wäsche waschen:
Fehlt das Waschmittel, tut es auch Shampoo.
Als Wäscheleine eignen sich 3 Meter normale Schnur aus dem Baumarkt.
Eine Handvoll kleiner Gardinenclips ersetzt die Wäscheklammern.
Mit einer Nagelbürste lassen sich auch hartnäckige Matschflecken
gut wieder auswaschen.

33 Daybag

Sonnenbrille, Regenjacke, Reiseführer oder Trinkflasche –
ganz ohne Gepäck verlässt man das Haus auch im Urlaub nie.
Vergesst also nicht, für Ausflüge, Strandtage oder fürs
Einkaufen am Urlaubsort einen kleinen Rucksack mit in den Koffer
zu packen. Faltrucksäcke, Turnbeutel und weiche Stofftaschen
eignen sich dabei am besten.

34 Doppelt hält besser

**Kopien von Ausweis und Dokumenten in digitaler und
Papierform sind ein wichtiges Backup für den Fall der Fälle.**
Speichert die digitalen Kopien dort, wo ihr auch
im Ausland im Notfall darauf zugreifen könnt, also zum Beispiel
als Anhang in einer an euch selbst gerichteten E-Mail, in der Cloud
oder als PDF auf eurem Kindle-Account.
Auch Handyfotos der Dokumente sind eine Möglichkeit.

Sinnvoll ist je nach Destination:
Reisepass/Personalausweis/Kinderreisepass
Führerschein/Fahrzeugschein
Krankenversicherungskarte/Auslandskrankenversicherung
Impfpass
Tickets/Buchungsbestätigungen

EiNS für DICH EiNS für MICH

Schon mal bange auf ein verloren gegangenes Gepäckstück gewartet?

Verteilt das Gepäck der verschiedenen
Familienmitglieder gleichmäßig auf alle Koffer.
Somit ist der Verlust nicht ganz
so schmerzhaft, sollte ein Koffer unterwegs
mal abhandenkommen oder
den Urlaubsort verspätet erreichen.

wo

Pläne

enden.

UNBEKANNT

36 Besser tragen

Nicht jedes Reiseziel ist kinderwagenfreundlich.
Gerade in ärmeren Ländern sind Gehwege oft schlecht befestigt,
schadhaft oder nicht vorhanden. Viele Badeorte liegen auf
hohen Klippen und man gelangt nur über steile Strecken oder
Treppen ans Wasser und zurück zum Hotel.
Ferienapartments in Altstädten haben oft keinen Aufzug.
Da können Babytrage oder Tuch die bessere Wahl sein.
Google Street View erlaubt meist eine grobe Vorabeinschätzung der
Gegebenheiten vor Ort.

37 Flexibel bleiben

Wen unterwegs spontan die Lust auf
ein weiteres visumpflichtiges Land überkommt, der tut sich viel leichter,
wenn er ohnehin ein paar Passfotos dabeihat.

*Tipp: Nicht vergessen, Ausweise und Pässe rechtzeitig
bei der entsprechenden Behörde zu bestellen – die Ausstellung eines
Reisepasses dauert ca. vier bis sechs Wochen.
Passfotos sind auch bei Kindern und Babys nötig.*

38 Getrennt reisende Eltern

Reist ein Elternteil mit Kind allein ohne den Partner, sollte es
eine eidesstattliche Erklärung des Partners/der Partnerin dabeihaben,
die bestätigt, dass er/sie damit einverstanden ist,
dass der/die andere das Kind über die Landesgrenze bringt.
Sonst könnte die Reise bereits am Flughafen enden.

39 Amnesie-Prophylaxe

Ganz wichtig: Notiert euch an zentraler Stelle Web-Logins,
zum Beispiel fürs Banking oder E-Mail-Programm, sowie PINs fürs Handy
und die Kreditkarten. Ihr glaubt gar nicht, was ein Jetlag kurzfristig
mit dem eigenen Gedächtnis machen kann! Muss man dazusagen, dass ihr
euch eine sinnvolle Verschlüsselung ausdenken müsst?

40 Wichtige Nummer

Legt auch eine Notrufliste an für den Fall,
dass euer Handy geklaut wird, damit ihr zum Beispiel schnell
eure Kreditkarte sperren und auch besorgte Schwiegereltern
und Freunde noch erreichen könnt.

*Aufbewahrungstipps: Handschuhfach, Portemonnaie,
Kinderwagen – am besten überall eine Kopie hinterlegen,
dann seid ihr safe für den Fall der Fälle!*

41 Privatpool

**Herrlicher Strand, aber das Meerwasser ist zu kalt
oder die Brandung zu wild für Kleinkinder?** Zum Glück gibt es
eine praktische Lösung – so man sich zuvor
mit einem Duschvorhang ausgerüstet hat: Die ganze Familie packt an
und buddelt ein quadratisches Loch in den Sand.
Dort hinein kommt der Duschvorhang, Ränder schön mit Sand abdecken,
damit er nicht wegbläst. Nun mittels Eimerchen und
Gießkanne mit Meerwasser auffüllen – und fertig ist
der kindersichere Privatpool.

42 Pool to go

Riesenspaß für jedes Kleinkind:
ein aufblasbares Planschbecken unterm Sonnenschirm.
Das Schätzchen kann nach Herzenslust planschen – während
Mama und Papa daneben auf dem Strandtuch entspannen.

*Tipp: Campingprofis packen das Planschbecken ganz oben ins Gepäck.
Am Ziel angekommen, kann der Nachwuchs den Minipool
mit Eimer und Gießkanne befüllen und hat eine Beschäftigung, während
die Erwachsenen das Zuhause auf Zeit einrichten.*

10 GRÜNDE, *warum ihr immer* ZIP-BEUTEL *dabeihaben solltet*

43 Just zip it!

Zipper-Tüten in verschiedenen Größen
eignen sich hervorragend als Kofferorganizer.
Eine für Unterwäsche, eine für Socken, eine
für T-Shirts – so kommt Ordnung in das Chaos
und dabei spart man noch Packplatz.

44 Trenn-akrobat

Auf der Rückreise trennen die
praktischen Tüten Dreckwäsche
von sauberer Kleidung.

45 Auslaufsicher

Keine Überschwemmung mehr im Koffer:
Shampoo, Duschgel und Co. sind
in den wiederverschließbaren Tüten
auslaufsicher verstaut.

46 Waterproof

Am Strand schützen sie
Handys und Tablets vor Wasser und Sand.
Einfach einstecken, verschließen –
und weiterbenutzen. Trotz Überzieher lässt
sich der Bildschirm noch bedienen.

47 Müllbeutel

Für alle, die Ordnung lieben:
Im Auto oder im Flugzeug kann man
in den Tüten gut den Müll
zusammenhalten.

48 Portionsgerecht

Für Selbstversorger:
Die in verschiedenen Größen erhältlichen Beutel
eignen sich bestens zum Abpacken von Portionen
Pulverwaschmittel, Zucker oder Kaffee.

49 Schnell mal beschweren

Mit Sand gefüllt, lassen sich
Strandtücher gut damit beschweren.
Und nach dem Baden sind
nasse Schwimmsachen darin für
den Transport gut aufgehoben.

50 Kleinkruscht-Depot

Kleine Spielsachen gehen in
Zipper-Beuteln nicht verloren.
Und das Öffnen und Schließen der Beutel
ist auch eine wunderbare Beschäftigung
für kleine Hände!

51 Stöpselersatz

Zipper-Beutel-Hack für Fortgeschrittene:
Mit Wasser gefüllt auf einen
offenen Ausguss gelegt, ersetzen
Zipper-Tüten den fehlenden Stöpsel.

52 Windelsafe

Dreckige Windeln lassen sich in den vielseitigen
Tüten geruchsfrei verstauen. Jetzt braucht keiner
mehr die Nase zu rümpfen.

ENDLICH ABFAHRT!

Auto, Flieger oder die gute alte Bahn –
jedes Verkehrsmittel hat so seine Vorzüge, wenn eine Familie
auf große Fahrt geht. Wie ihr den Autorücksitz in ein Miniaturkinder–
zimmer verwandelt, welche Flughafenwarteschlange gewiss
schneller geht und wo es lustig gestaltete Kinderbahntickets gibt,
lest ihr auf den folgenden Seiten.

53 Vorteil Autofahrt

Schreckt ihr auch vor längeren Autofahrten mit Säugling und Kleinkindern zurück? Dabei liegen die Vorteile doch klar auf der Hand: Ihr könnt das Tempo selbst vorgeben, Pausen einlegen, viel mehr Sachen mitnehmen und auch eine Menge Geld sparen. Es kann aber auf jeden Fall eine gute Idee sein, zunächst einmal einen kleineren Ausflug ins Umland zu unternehmen, um die Situation zu testen, bevor ihr euch für eine längere Autoreise in den Urlaub entscheidet.

54 Sicherheitscheck

Sicher ist sicher: Lasst euer Auto vor einer langen Fahrt besser noch mal von einem Mechaniker durchchecken. Reifenprofile, Notfallzubehör – und ist der Kindersitz eigentlich richtig installiert? Nützlich ist auch ein Schutzbrief, der euch im Falle einer Panne oder eines Unfalls weiterhilft.

55 Fußmatte als Rettung

Ihr seid hoffnungslos im Schnee oder Matsch stecken geblieben und keine helfenden Hände sind in der Nähe? Keine Panik, es gibt Abhilfe! Legt eine Autofußmatte in Fahrtrichtung unter die Räder. Das gibt super Grip und wenig später seid ihr aus der misslichen Situation befreit.

56 Hängendes Kinderzimmer

Praktisch fürs Auto: Eine Rücksitztasche. Es gibt sie auch mit Halterung fürs Tablet, damit die Kleinen während der Fahrt bequem ihre Lieblingssendung sehen können. In diesen Sortierern lassen sich Trinkflaschen, Snacks, Stifte, Stofftiere, Spielsachen, Kopfhörer und vieles mehr griffbereit verstauen.

Tipp: Der Organizer lässt sich auch mit einer flachen Hängeaufbewahrung aus dem Möbelhaus improvisieren.

57 Zauberwurzel Ingwer

Ein natürliches Mittel gegen Reisekrankheit ist Ingwer. Entweder als zu Hause schon vorbereiteter Tee aus überbrühten Ingwerscheibchen oder in Form von kandierten Ingwerstückchen, die eurem Kind vielleicht besser schmecken, wenn sie mit Schokolade überzogen sind.

58 Packstrategie

Schon mal in den Tiefen eines vollgestopften Kofferraums nach dem Badezeug für den spontanen Sprung in den See gesucht?
Besser gleich das Auto strategisch und logisch packen!
Alles, was ihr wirklich nur am Zielort braucht, könnt ihr getrost in den Tiefen des Kofferraums vergraben.
Picknickdecke, Schwimmsachen, Handtücher,
Wechselkleidung, Klopapier, Plastiktüten, Kleingeld, Feuchttücher,
Getränke und Snacks aber solltet ihr in Reichweite behalten.

Tipp: Viele kleine Taschen lassen sich meist besser verstauen als zwei große Koffer und man kommt schneller an das Gesuchte.

59 Planspiel

Wer clever plant, spart Zeit und Nerven!
So schafft man laut ADAC ohne viel Stress bis zu 500 Kilometer am Tag:

1. Etappe: 100 km

Verlasst das Haus ausgeruht am Morgen, wenn der schlimmste Berufsverkehr vorbei ist.

2. Etappe: 200 km

Plant eine kleine Rast am Vormittag.

Tipp: Wer kein Freund von Autobahnraststätten ist, prüft vorher die Möglichkeit, mal kurz von der Autobahn abzufahren und einen romantischeren Halt am Seeufer, in der Natur oder in einer hübschen Stadt einzulegen.

5. Etappe: 500 km

Eine Pause mit kleiner Besich-
tigung am Nachmittag, und dann
Ankunft am Abend im Urlaubsort
oder an einem Hotel für die
Weiterfahrt am Morgen.

4. Etappe: 400 km

Nach einem gemütlichen
Spaziergang geht es weiter,
vielleicht machen die Kleinen ja
dann ein Mittagsschläfchen und
ihr könnt gut Meilen machen.

3. Etappe: 300 km

Dann kehrt zur Mittags-
pause in einen Gasthof ein, den ihr
vorher nach Kriterien der Familien-
freundlichkeit ausgesucht habt.
Der größte hiesige Gaststätten-
betreiber »Tank & Rast« hat eine
Übersicht über die Einrichtungen
seiner 400 Raststätten auf seiner
Website maps.rast.de.
www.autohof.net listet die Einrichtungen von Autohöfen auf.

60 Leichte Kost

Lasst in Rastplatzrestaurants die Schweinshaxe oder
die XXL-Portion Pommes besser links liegen. Fettiges Essen macht
müde und träge. Das gilt übrigens auch für den vermeintlichen Energie-
booster durch Schokoriegel & Co. Besser eine Banane essen.
Sie ist nahrhaft, ersetzt auch mal einen süßen Snack und
enthält schön viel Kalium, das ist ideal gegen Muskelkrämpfe bei
langem Stillsitzen.

61 Fahrerwechsel

Wechselt euch bei langen Autofahrten ab.
Zwar ist das Fahren anstrengend, aber der Beifahrerjob ist nicht
minder anspruchsvoll. Denn der »Kopilot« sorgt dafür, dass
Frieden im Auto herrscht, zaubert Verpflegung aus der Tasche,
weiß aufregende Spiele gegen die Langeweile, erzählt Geschichten zum
Einschlafen und erstickt kleine Streitigkeiten bereits im Keim.

*Tipp: Setzt euch im Auto auch mal zu den Kindern nach hinten.
Sie werden die extra Aufmerksamkeit durch einen Elternteil
sehr zu schätzen wissen.*

62 Alle Mann von Bord!

Pause heißt Pause. Für alle, nicht nur den Fahrer.
Also raus aus dem Auto, Beine vertreten, hüpfen und auf Zehen stehen,
Arme recken, strecken, dehnen und kreisen.
Und wie wär's dann noch mit einem lustigen Familienwettlauf?

63 Routinen

**Fahrt ihr öfter mal dieselbe Strecke, etwa zu Oma in eine andere Stadt
oder zu eurem Wohnwagen auf einem Campingplatz?**
Dann macht immer am gleichen erprobten Ort Halt.
Zum einen kennen sich die Kleinen hier schon gut aus, zum anderen hilft
es ihnen, die gesamte Fahrtdauer besser abzuschätzen.

FRISCHLUFT

ist der bessere Kaffee.

Verlasst euch als Autofahrer nicht
auf Kaffee und Energiedrinks.
Besser ist es, regelmäßig anzuhalten,
raus an die frische Luft zu gehen,
sich zu recken und zu dehnen und
sich die Beine zu vertreten.

65 In Balance bleiben

Reisekrankheit im Auto ist eine Last, die sich meistens irgendwann
auswächst. Davor aber kann sie Kind und Eltern ganz schön plagen.
Weil der Gleichgewichtssinn des Kindes beim (passiven) Autofahren
schnell irritiert wird, reagiert der kleine Körper mit Brechreiz.
Bewährte Tricks, um in Balance zu bleiben, sind:

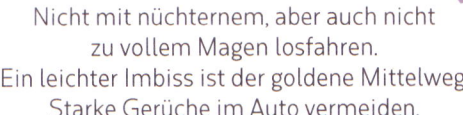

Nicht mit nüchternem, aber auch nicht
zu vollem Magen losfahren.
Ein leichter Imbiss ist der goldene Mittelweg.
Starke Gerüche im Auto vermeiden.

Vorausschauend und gleichmäßig fahren, also ohne
ständiges Gasgeben und Bremsen. Ruckelndes Fahren ist
anstrengend für den Magen. Außerdem immer gut:
Die Fahrt möglichst so planen, dass das Kind während
der Reise viel schlafen kann.

Nicht nach unten schauen oder lesen, sondern
aus dem Fenster gucken und den Horizont fixieren.
Wenn ein Dreipunktgurt vorhanden ist, kann das Kind auch
den Platz in der Mitte der Rückbank einnehmen,
um so einen besseren Überblick
über die Umgebung zu erhalten.

Die Temperaturen niedrig halten und für
viel Frischluftzufuhr sorgen. Auch ein
Kühlelement oder ein kalt-feuchter Waschlappen
im Nacken können helfen, zu beruhigen.

Pausen einlegen, bevor das Malheur passiert.
Warnzeichen sind Gähnen, Blässe, erhöhter Speichelfluss
und Schweißausbrüche.

Nicht groß darüber sprechen, aber vorbereitet sein.
Tüten und Tücher bereithalten. Noch besser ist
ein dicht verschließbares Spuckgefäß, das einfach
immer im Auto bereitliegt – vorzugsweise in der Nähe
des fahrempfindlichen Kindes.

Last but not least:
Nicht schimpfen, wenn es dann doch passiert.

66 Die rote Klammer

Eure lieben Kleinen sind in Streitlaune und auf dem Rücksitz fliegen die Fetzen? Das gibt eine Ermahnung – zum Beispiel in Form einer gelben Wäscheklammer an die Sonnenblende des Autos geklemmt. Bei weiterem Gezeter gibt's die rote Klammer und das Kind wird bei der nächsten Belohnung nicht berücksichtigt, also zum Beispiel kein Eis an der nächsten Tankstelle. Das kann trotzige Kinder in wahre Engel verwandeln!

67 Spieglein, Spieglein

Ein geschickt angebrachter zusätzlicher Panoramaspiegel im Auto gibt Fahrer und Beifahrer die Möglichkeit, auch ohne Umdrehen nach dem Nachwuchs auf der Rückbank zu schauen.

68 Müllprofis

Kaum zu glauben, was bei einer Reise mit Bananenschalen, Apfelbutzen und Bonbonpapierchen so an Abfall zusammenkommt! Habt daher auf Reisen immer eine Mülltüte parat. Im Auto könnt ihr die Mülltüte in einen Plastikcontainer für Cornflakes tun, dessen Schüttvorrichtung man bequem öffnen kann. So bleibt der Abfall gut verschlossen und kann auch mal bei der Fahrt umkippen oder unter anderen Taschen im Fußraum verschwinden.

69 Frühlingsfrisch

Deodorisierte Trockentücher helfen, die Luft im Auto ein wenig aufzubessern. Lagert eine geöffnete Packung unter dem Beifahrersitz. Wärmt die Sonne das Auto auf, verströmen die Tücher ihren frischen Duft.

Und sie sind zudem doppelt nützlich: Befeuchtet eignet sich ihre raue Oberfläche perfekt, um hartnäckig festgeklebte Insekten von der Windschutzscheibe zu rubbeln.

70 Abschnallen verboten

**Eine kleine Bastelidee, wenn Kleinkinder sich gerne einmal
unerlaubt während der Fahrt abschnallen:**
Nehmt einen Plastikbecher, schneidet einen Schlitz in den Boden
und kürzt ihn, dass er gerade so über den Verschluss rutscht.
Jetzt wird es den Juniors nicht so schnell gelingen,
sich vom Gurt zu befreien.

71 Wie lange noch?

Wann sind wir endlich daaa? Damit Kinder verstehen, wie lange die Autofahrt dauert und wo ihr euch gerade auf der Strecke befindet, könnt ihr ein Schaubild basteln: Malt auf Papier eine Straße, ein Auto, euer Zuhause und den Zielort. Schneidet alles einzeln aus und fixiert es mit Stecknadeln oder Klebefilm an der Autodecke. Dann müsst ihr das Auto nur noch gemäß dem bereits absolvierten Streckenbereich auf der Straße nach vorne bewegen.

72 Ehrlich hilft weiter

Wie lange dauert es noch? Äähm – gleich sind wir da … Liebe Eltern, hier hilft wohlgemeintes Flunkern nicht weiter. Kinder, die einen konkreten Überblick darüber haben, dass es noch ziemlich lange dauern wird, stellen sich leichter auf das Unvermeidliche ein.

73 Funklöcher

Stadtbewohner vergessen leicht, wie schnell man auf dem Land in Mobilfunklöcher geraten kann. Meist genau dann, wenn man auf eine funktionierende Navigation angewiesen ist. Deshalb vorher unbedingt entweder die entsprechenden Karten bei Google Maps offline abspeichern oder noch besser: immer auch eine klassische Papierkarte dabeihaben.

74 Luft ablassen

**Hilfe – das Auto stand in der Sommersonne und
hat Hochofentemperaturen!** Öffnet die Fenster auf einer Seite
und schlagt auf der anderen Seite eine Tür mehrfach auf und zu.
Die heiße Luft wird herausgedrückt.

*Tipp: Kindersitze, Anschnallgurte und Lenkrad vor dem
Verlassen des Autos abdecken, damit die Sonne die schwarzen Teile
nicht aufheizen kann.*

75 Und jetzt ein kühles Getränk

Kleiner Luxus für unterwegs:
Investiert in einen Autokühlschrank, der auf die Mitte der Rückbank passt.
Ideal ist ein Modell mit Ablagefläche und Becherhalter,
in dem 1-Liter-Flaschen aufrecht stehen können.
Das können die Kinder als zusätzlichen Tisch nutzen.

76 Autokino

Für das gemeinsame Filmerlebnis auf der Rückbank:
Steckt ein Tablet in eine große Zip-Verschluss-Tüte, befestigt daran starke
Gummis und schlingt diese über die Kopfstützen der beiden Vordersitze.
So hängt das Tablet mittig zwischen den Vordersitzen und
alle Kinder auf der Rückbank können auf nur einem Tablet Filme gucken.

LICHTBLICK

Nachtfahrten haben ja so einige Vorteile.

Damit ältere Kinder sich nach Einbruch
der Dunkelheit noch selbstständig beschäftigen
können, hilft es, ein kleines Nachtlicht
einzupacken, das man auf Buchseiten
oder an Rückwände von Sitzen klemmen kann.
So können die Kinder selbst
bei Dunkelheit noch etwas tun, ohne
den Fahrer zu stören.

78 Sonnenschutz

Mit kleinen Saugnäpfen, einer Kordel und
einem hübschen Stück Stoff könnt ihr für die hinteren Seitenfenster
eine kleine Gardine bauen, damit der Nachwuchs
ohne Sonne im Gesicht schlafen kann.

79 Nanu, wo ist denn nur das Auto?

Damit ihr euer in einer fremden Stadt geparktes Auto auch
mühelos wiederfindet, markiert euch den Standort auf Google Maps.
Im Parkhaus kann es helfen, den Stellplatz und
die Platzmarkierung zu fotografieren. Oder die Kinder können helfen,
sich per lustiger Eselsbrücke die Lage einzuprägen, zum Beispiel 2E –
»Zwei Elefanten gingen auf Reisen und erkundeten Wien«.

80 Stilles Örtchen

**Ihr steckt im Stau, es gibt kein Vor und kein Zurück, und
von hinten tönt es: »Papa, ich muss Pipiiii – jetzt sofort!« Was tun?**

Öffnet beide Autotüren auf der straßenabgewandten Seite des Autos
und lasst das Kind dazwischen sein Geschäftchen verrichten,
ohne dass andere Stauleidende zuschauen.
Schlimmstenfalls kann auch ein Schraubglas mit breiter Öffnung
zur Not-Pipibox umfunktioniert werden.

Das schönste
GESCHENK
ist
gemeinsame
ZEIT,
denn keiner weiß,

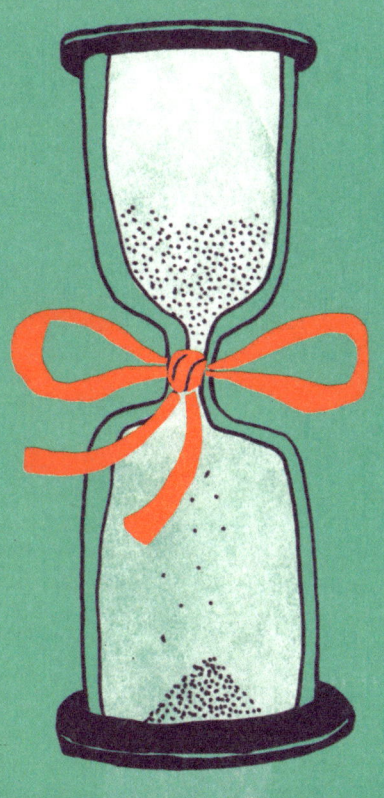

wie viel uns
davon bleibt.

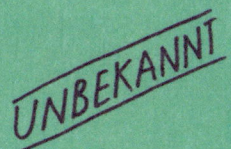
UNBEKANNT

81 Schatzsuche für unterwegs

Ihr braucht eine Zip-Verschluss-Tüte,
trockenen Reis und kleine Plastikfiguren, Muscheln, Murmeln,
Glitzersteine, Aufkleber oder Ähnliches.
Den Reis und gerade so viele Schätze in die Tüte füllen,
dass sie auf den ersten Blick im Reis nicht zu erkennen sind.
Nun schließt die Tüte und verklebt die Öffnung sicherheitshalber noch
mit buntem Klebeband (Panzer-Tape).
Die Aufgabe für die Kinder ist nun, alle darin versteckten Gegenstände
zu entdecken. Ähnlich gut klappt das auch
in einer glatten Plastikflasche.

82 Gegenstände raten

Wird nie langweilig: Einer der Spieler zählt im Kopf das ABC auf.
Ein anderer ruft »stopp«. Der Buchstabe, bei dem der
erste Spieler stehen geblieben ist,
wird nun genannt und alle Spieler müssen, beginnend mit diesem
Buchstaben, einen Gegenstand benennen, der sich garantiert
im Auto befindet (aber eventuell nicht sichtbar ist).

83 Lustige Gesichter

Für Jux und Dollerei auf der Rücksitzbank:
Druckt Konterfeis von Familienmitgliedern in Handtellergröße aus und
laminiert sie. Dazu gebt ihr den Kindern abwischbare Folienmarker
und ein trockenes, weiches Tuch. Beim Aufmalen von Brillen, Bärten und
dicken Nasen werden sie einen Riesenspaß haben.

84 Bunte Ketten

Nehmt ein paar Bindfäden mit und Süßigkeiten mit einem Loch
in der Mitte, wie Cerealien-Ringe, Brezelchen oder Bonbons mit Loch.
Daraus werden nun die tollsten Ketten gefädelt –
späteres Vernaschen erlaubt.

Die zuckerfreie Variante: Auch aus ineinander
zu verhakenden Büroklammern lassen sich endlos lange Ketten fädeln.
Damit geht wunderbar Zeit ins Land ...

85 Lego to go

Besorgt einen kleinen Metallkoffer und
klebt eine Legobodenplatte an die Innenseite des Deckels.
Vor das Kofferfach eine halbe Platte kleben,
dann sind die Legosteinchen sicher verstaut. Euer Kind kann auf der Platte
nun zumindest kleine Bauwerke erstellen.

86 Seid ihr alle daaa?

**Kleinkinder benötigen noch keine Spiele,
in denen es ums Gewinnen geht. Alles, was hilft, die Aufmerksamkeit
zu fesseln, erfüllt seinen Zweck.**

Nehmt ein paar Fingerpuppen mit und lasst diese sprechen
und lustige Geschichten erleben.
Die Sitze können als Puppentheater herhalten, hinter denen
die kleinen Figuren hervorschauen können.

87 Spieltablett

Besorgt Magnetbilder von Autos, Tieren, Buchstaben oder
was auch immer an Motiven euer Kind mag.
Arrangiert auf einem leichten Metalltablett, sorgen diese für endlosen Spaß
auf dem Rücksitz. Euer Kind kann fantasievolle Landschaften erstellen,
Rollenspiele spielen oder lernen, Wörter zu buchstabieren.

88 Pfadfinder

Ältere Kinder können mit Landkarten schon eine Menge anfangen.
Lasst sie unterwegs die Strecke mit dem Stift nachzeichnen.
Nennt ihnen die Orte, an denen ihr vorbeifahrt, und bald lernen sie
ganz spielerisch, die Städte auf der Landkarte zu finden, und sehen zugleich,
wie ihr euch langsam, aber sicher dem Ziel nähert.

89 Klassiker reloaded

**Erinnert ihr euch an die Klassiker »Ich sehe was, was du nicht siehst«,
»Nummernschilder raten« oder »Ich packe meinen Koffer«?**
Wie wär's mal wieder mit einer Runde? Auch Tiere anhand ihrer Merkmale
beschreiben und erraten lassen, Wortketten bilden oder
gemeinsam unendliche Geschichten erfinden eignen sich hervorragend,
um die Zeit deutlich schneller vergehen zu lassen.

10 GRÜNDE, warum ihr immer KARABINERhaken dabeihaben solltet

90 Schlüsselmagier

Der Haken macht sich gut als improvisierter Schlüsselanhänger für die Handtasche. Fortan ist das Wiederfinden kein Problem mehr!

91

Buggy-Nanny

Spielsachen lassen sich damit am Sonnenschutz eines Kinderbuggys einhaken.

92 Kindersicher

Mit einem Karabinerhaken lassen sich Schranktüren im Ferienapartment vor allzu neugierigen Kleinen sichern. Wer keinen großen Karabiner hat, klemmt zwei zusammen.

93 Gepäckextensions

Damit nichts mehr verloren geht,
können Kissen, Kuscheltiere, Trinkflaschen
oder Kopfhörer mit einem großen
Karabinerhaken außen am Handgepäck
befestigt werden.

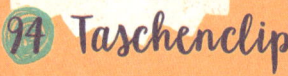

94 Taschenclip

Auch Einkaufstaschen lassen
sich damit befestigen, zum Beispiel
am Griff des Kinderwagens.
Aber Achtung: Nicht zu
schwer bepacken, sonst kann
der Kinderwagen kippen!

95 Finger weg!

Einfacher, wirkungsvoller Diebstahlschutz:
Mit einem Karabinerhaken die Reißverschluss-
zipper des Rucksacks verbinden.
Jetzt haben Langfinger keine Chance mehr,
unbemerkt hineinzugreifen.

96 Auto-Organisator

Eine Tasche voll wichtiger Dinge
könnt ihr mit einem oder zwei
Karabinerhaken griffbereit hinten an der
Kopfstütze im Auto anbringen.

97 Kleiderbügel

Keine Bügel zur Hand?
Gürtel und kleine Wäschestücke könnt ihr
auch mit Karabinerhaken im
Kleiderschrank aufhängen.

98 Super-Wäscheklammer

Gut machen sich Karabinerhaken auch
als Wäscheklammerersatz für alles,
was Schlaufen hat: BHs, Hosen. Jetzt können
sie nicht mehr von der Leine flattern!

99 Mikro-Organizer

Last but not least: Um kleine Dinge, zum Beispiel
Haargummis, besser zu organisieren.

100
Sparfüchse aufgepasst!

Mit dem Sparpreis fahrt ihr schon ab 19,90 Euro durch Deutschland, abhängig natürlich von freien Kontingenten und Verbindungen. Das Angebot kann theoretisch bis kurz vor Abfahrt gebucht werden, ist jedoch meistens deutlich früher ausverkauft.

Praktisch: Eigene Kinder unter 14 Jahren fahren kostenfrei mit der Deutschen Bahn, solange sie auf der Fahrkarte der Eltern mit eingetragen sind. Das macht das Bahnfahren zu einer tollen Alternative für Familien. Vielfahrer sparen dank BahnCard sogar noch mehr.

101 Umsteigen
gut geplant

Ihr müsst auf eurer Zugreise umsteigen?
Eigentlich kein Problem, auch wenn das Risiko, dass ein Anschlusszug wegen Verspätung des ersten Zuges nicht erreicht wird, ein ganz reelles ist. Erkundigt euch vorher über die Verhältnisse am Umsteigebahnhof (zum Beispiel www.bahnhof.de). Plant ausreichend Zeit ein, um von einem Bahnsteig zum anderen zu wechseln – bedenkt, dass ihr oft Treppen steigen und um Menschenmassen herum navigieren müsst. Google Street View oder die Internetseite des Bahnhofs geben Einblicke in die Lage vor Ort.

102 Unkompliziert
ins Ausland

Auch bei internationalen Bahnfahrten gelingt das Sparen ganz einfach mit www.trainline.de. Über das Portal hat man Zugang zu den Buchungssystemen in 20 Ländern und kann die günstigste Kombination verschiedener Züge unterschiedlicher Bahngesellschaften ermitteln. Um in den Genuss der günstigen Preise zu kommen, müsst ihr euch auf dem Portal registrieren. Die Buchung selbst ist dann in wenigen Minuten erledigt!

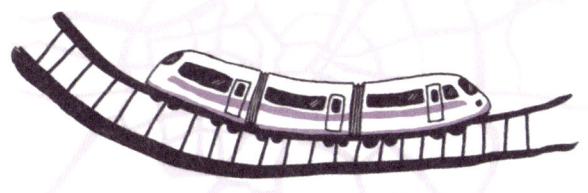

103 Kleinkindabteile

Die meisten ICE- und EC-Züge sind mit Kleinkindabteilen ausgerüstet. Hier haben die Kleinen bis drei Jahre und ihre Eltern deutlich mehr Bewegungsfreiheit und eventuell nette Gesellschaft durch andere Kleinkindeltern. Stromanschluss und ein Wickeltisch (eventuell im Behinderten-WC zu finden) sowie Platz für den Kinderwagen sind ebenfalls vorhanden. Frühzeitig reservieren!

Tipp: Ist das Kinderabteil ausgebucht, reserviert euch Plätze in einem Abteil. Das hat man dann manchmal ganz für sich allein, da ein Kind eine herrlich abschreckende Wirkung haben kann.

104 Familienbereich

Es gibt bei der Deutschen Bahn auch einen Familienbereich mit viel Platz zum Spielen, Malen, Lesen und Quatschen für Kinder im Kindergarten- und Grundschulalter. Dieser Bereich lässt sich gegen Gebühr für bis zu fünf Familienmitglieder reservieren.

Tipp: Der Railjet, ein Fernreisezug der österreichischen Bahn, der auch auf einigen Strecken in Deutschland verkehrt, hat sogar ein Kinderkino in der Economy Class.

105 Kinderbetreuer

An Samstagen und Sonntagen finden sich in der Nähe der Familienbereiche auf vielen Strecken spezielle Kinderbetreuer. Ihre Aufgabe ist es, die Kinder mit Spielanregungen, Bastelstunde oder Vorlesen zu unterhalten. Ob ein Kinderbetreuer auf der gewünschten Strecke dabei ist, erfahrt ihr direkt bei der Bahn.

106 Leichter reisen

Die Deutsche Bahn bietet an, das Gepäck oder
sperrige Gegenstände wie Kinderwagen vorher abzuholen (gegen Gebühr).
Somit könnt ihr euch den Ärger mit den vielen Koffern sparen
und ganz leicht nur mit Handgepäck und Snacks eure Bahnfahrt genießen,
während eure Koffer von ganz allein an den Zielort reisen.
Auch mit Hermes lässt sich Reisegepäck vergleichsweise günstig und
unkompliziert auf den Weg bringen.

107 Diebstahlbremse

Solltet ihr Sorgen haben, dass euer Koffer abhandenkommt,
während ihr mit dem Nachwuchs zur Toilette müsst oder
das Bordrestaurant aufsuchen wollt, könnt ihr einen
netten Nebensitzer bitten, ihn im Auge zu behalten. Noch besser:
Nehmt euch ein Fahrradschloss mit, um den Koffer an einem Haltegriff
oder am Gepäckfach zu befestigen.

108 Spielerisch vorbereiten

Zur Vorbereitung auf die anstehende Bahnfahrt
ladet den etwas größeren Kleinen doch die kostenlose App
»Der kleine ICE« herunter.
Zur Einstimmung könnt ihr mit den Kindern die Website
www.olis-bahnwelt.de der Deutschen Bahn besuchen. Hier gibt es viele
kostenlose Spiel- und Bastelideen, Videos, Tipps und Infos.

109 Richtige Reihenfolge

Wenn ihr aus- oder umsteigen müsst, ladet erst das Gepäck ab,
bevor ihr das Kind auf den Bahnsteig stellt. So stellt ihr sicher, dass sich
das Kleine nicht einfach auf und davon macht,
während ihr gerade mit den Koffern beschäftigt seid. Wer unsicher ist,
sollte dem Zugbegleiter zuvor Bescheid geben,
der ist gerne behilflich.

110 Kinderfahrkarten

Bei der Bahn gibt es Kinderfahrkarten, die man selbst
zu Hause ausdrucken kann. Die kleinen Passagiere werden stolz sein,
wenn sie diese dem Schaffner selbst vorzeigen dürfen.
Mit der Karte gibt es sogar eine kleine Überraschung im Bord–Bistro.

111 Steckdosen

Um die Kleinen auf der langen Zugfahrt zu beschäftigen, möchtet ihr
vielleicht ein Tablet oder ein Handy im Handgepäck mitnehmen.
Verlasst euch aber nicht darauf, dass der Zug genau an eurem Sitzplatz
mit einer Steckdose ausgestattet ist, besonders wenn ihr in
älteren Waggon–Modellen unterwegs seid. Nehmt daher auf jeden Fall
einen zusätzlichen Akku für den Notfall mit.
Auch ohne viel benutzt zu werden, haben Handys die Tendenz,
sich während Zugfahrten außerordentlich schnell zu entladen, da das
ständige Suchen nach einem Funksignal ganz schön Akku frisst.

112 Umsteigen leicht gemacht

Der Mobilitätsservice der Bahn kann helfen, wenn man mit
viel Gepäck und Kind und Kegel unterwegs ist.
Dieser Service, buchbar bei Umsteigezeiten ab sieben Minuten,
muss allerdings mindestens 48 Stunden vorher beauftragt werden.

Alternativ kann man auch bei der örtlichen Bahnhofsmission anfragen,
die ebenfalls einen Umsteigeservice anbietet.

113 Wartezimmer

Das Warten auf den nächsten Zug kann man
als Familie besser überstehen, wenn man eine von der Bahnhofsmission
betriebene Kinderlounge aufsucht. Sie wenden sich insbesondere
an unbegleitet reisende Kinder oder an Erwachsene, die alleine mit einem
oder mehreren Kindern unterwegs sind.

WIR

können den **WIND** nicht ändern,

aber die

SEGEL

anders setzen.

ARISTOTELES

114 Anfangsmühen

Nach Langstreckenflügen ist der Jetlag ein kaum
vermeidbarer Begleiter – bei Kindern ebenso wie bei Erwachsenen.
Da helfen nur Geduld und genügend Zeit für die Eingewöhnung.
Knatschige Kinder, durchwachte Nächte, müde Eltern – geht davon aus, dass
die ersten Tage am Zielort noch etwas durcheinandergeraten können.
Deshalb lasst es einfach langsam angehen und seid nachsichtig mit
den lieben Kleinen, sie können nichts dafür!

Gut für die Stimmung nach einer durchwachten Nacht:
ein paar Kekse bereithalten.

115 Nickerchen – aber kurz!

Jetlag-Profis versuchen, den Körper möglichst schnell
an den neuen Tagesablauf anzupassen. Dies klappt ganz gut, wenn man sich
auch bei großer Müdigkeit tagsüber nur ein kurzes Nickerchen gestattet und
dann einen Spaziergang an der frischen Luft macht.
Anschließend versuchen, zu einer normalen Uhrzeit zu Bett zu gehen.
Schon der nächste Tag wird sich deutlich besser anfühlen.

116 Rituale

Langstreckenflüge können den Rhythmus
eines kleinen Kindes ganz schön durcheinanderbringen.
Behaltet so viel Normalität wie überhaupt nur möglich bei.
Die abendliche Einschlafroutine wie Schlafanzug anziehen, Zähneputzen
und Bettgeschichte hilft auch unterwegs, kleine Kinder in die
richtige Einschlafstimmung zu bringen.

Besteht auf festen Schlafzeiten und vergesst nicht,
dass elektronische Spielzeuge nicht als Einschlafhilfe geeignet sind.
Mit größeren Kindern könnt ihr Abläufe und Zeiteinteilungen
vorab besprechen, damit sie sich entsprechend darauf einstellen können.

117 Nachtmanagement

Bei Familien sind Kinder und Eltern gleichermaßen vom Jetlag geplagt.
Damit die Erwachsenen ihre verdiente Nachtruhe haben, kann es helfen,
den nicht mehr ganz kleinen Kindern ein Glas Wasser, kleine Snacks oder
auch ein Tablet direkt an ihrem Bett bereitzustellen.
So besteht die Chance, dass die Sprösslinge sich selbst versorgen und
beschäftigen, sollten sie nachts doch mal aufwachen, und nicht
als Erstes die ebenso ruhebedürftigen Eltern wecken.

118 Lichttherapie

Versucht nicht, den Jetlag mit Medikamenten zu bekämpfen.
Viel frische Luft, Bewegung und vor allem natürliches Licht
sind die besten Mittel, den Körper an
die umgestellten Bedingungen anzupassen.

LINKS 119 hat die Nase vorn

Seid ihr Rechtshänder?
Rechtshänder – die Mehrheit der Menschen – haben die Tendenz,
sich rechts anzustellen. Ist die Zeit doch etwas knapp geworden:
links anstellen, das garantiert statistisch
kürzere Wartezeiten. Versprochen!

120 Versuch's mal mit Gemütlichkeit ...

Zeitdruck ist ein vermeidbarer Stressfaktor!
Plant genug Zeit für alle Formalitäten am Flughafen ein
(gegebenenfalls auch am Umsteigeflughafen), denn wer mit Kindern reist,
braucht meist ein wenig länger. Das gilt besonders bei
der Handgepäckkontrolle und den Toiletten, aber natürlich auch
beim Zurücklegen der langen Strecken im Terminal.

121 Vorabrecherche

Findet vor der Flugreise so viel wie möglich über den Flughafen heraus.
Ein Blick auf die Website verrät alles über spezielle Einrichtungen
und Bereiche für Familien. Gibt es vielleicht einen Spiel-
und Aufenthaltsbereich für Kinder?
Restaurants mit Kindermenü, interessante oder nützliche Geschäfte?
Kann man Buggys fürs Terminal leihen?

122 Nachtruhe

Richtig mühsam sind Flüge früh am Morgen.
Das Aufstehen noch in der Dunkelheit ist für Erwachsene wie Kinder eine
Tortur. Deshalb: Bucht Nachtflüge, besonders bei längeren Strecken,
und macht euch das gedämpfte Licht der Flugzeugkabine zunutze,
um die Kleinen im Schlaf ans Ziel zu bringen. Ideal ist es,
den aufgeregten Kindern ein oder zwei Stunden Aktivität im Flieger
zu erlauben, bevor die Nachtroutine eingeläutet wird.

123 Reihenweise

Augen auf bei der Sitzplatzwahl! Idealerweise sitzt ihr als Familie nebeneinander in einer Reihe oder zumindest direkt hintereinander. So können
Eltern sich bei der Betreuung der Kinder abwechseln.

Vorsicht bei Billigfliegern – hier kostet die Sitzplatzreservierung
oftmals extra. Wenn ihr nicht darauf vertrauen wollt,
dass andere Passagiere sich ohne zu murren für euch umsetzen,
sind diese paar Euros aber gut investiertes Geld.

124 Rechnen statt spekulieren

Bei drei Personen ist es sinnvoll, eine Reihe am Fenster zu buchen.
Bei vier oder mehr Personen sitzt man entweder nebeneinander
mit dem Gang dazwischen oder hintereinander.
Bei großen Langstreckenflugzeugen ist die Viererreihe in der Mitte für
eine vierköpfige Familie ideal, dann können sich die kleineren Kinder
beim Schlafen quer über die Sitze legen. Manche spekulieren auf den Platz
in der Mitte, der frei bleibt – das ist gewagt und geht
eventuell nicht wie gewünscht aus.

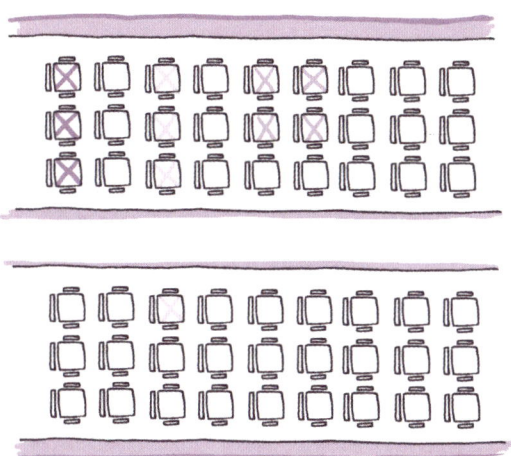

125 Last-Minute-Roulette

Fragt beim Check-in, ob es noch freie Plätze im Flieger gibt,
und weist darauf hin, wie dankbar ihr als Familie mit Baby
für diesen Extra-Komfort wärt. Eventuell zeigt das Personal
Verständnis und kann euch umsetzen – schließlich profitieren auch
ruheliebende Fluggäste von zufriedenen Kindern.

126 Auslauf

Kleinkinder haben einen schwer zu bremsenden Bewegungsdrang.
Wählt Plätze, wo sie auch mal rumlaufen können. Bei kleineren Flugzeugen
ist das ganz hinten, bei größeren gibt es oft Stehbereiche
in der Nähe der Küchen, Einstiege und Notausgänge.
Websites wie www.traveda.de geben Auskunft über die Sitzplatz-
anordnung verschiedener Flugzeugmodelle.

127 Hinten ist gut

Die Plätze hinten im Flugzeug sind oftmals nicht so beliebt,
da sie durch den Motorenlärm oft etwas lauter sind.
Perfekt sind sie aber für euch, wenn ihr mit einem kleinen Schreihals
unterwegs seid! Außerdem stehen die Chancen gar nicht so schlecht, dass
der hintere Teil des Fliegers nicht voll besetzt ist,
sodass ihr eventuell sogar ein wenig Extraplatz ergattern könnt.

128 Aussichtsreich

Ihr hofft ja, dass euer Kind auch mal einschläft.
Da wollt ihr sicherlich nicht über den schlafenden Liebling hinwegklettern,
wenn ihr eine Toilettenpause benötigt.
Also vielleicht lieber selbst auf den Fensterplatz verzichten?

129 Am laufenden Band

Lasst die Kinder noch richtig schön toben, bevor es losgeht.
Ein ausgepowertes Kind kommt in der Enge eines Autos oder Flugzeugs eher
zur Ruhe und wird wahrscheinlich schneller einschlafen.
Ignoriert die Blicke anderer Passagiere und verwandelt das Terminal – o.k.,
in Maßen, ihr seid ja nicht alleine dort – in einen Abenteuerspielplatz.
Auf einem Laufband in die entgegengesetzte Richtung zu laufen
kann so richtig schön müde machen.

130 Ultraleichtes Pausenspielzeug

Platzsparend, leicht und ruckzuck spielbereit –
ein aufblasbarer Wasserball ist das ideale Pausenspielzeug für
unterwegs und passt in jedes Handgepäck. Er kann Kindern, die noch
etwas Energie loswerden müssen, die Wartezeit am Flughafen verkürzen
und lange Unterbrechungen erträglicher machen.

*Auch perfekt für den schnellen Spielspaß unterwegs: Luftballons.
Passen in jede Tasche, lassen sich aber nach dem Aufblasen
nur noch geräuschvoll wieder klein machen. Bis dahin aber ein Spaß
für Klein und Groß.*

131 Abenteuerzeit

Flughafenprozeduren können stressig sein, aber wenn ihr Stationen wie Check-in, Sicherheitscheck und Passkontrolle wie ein spannendes Familienabenteuer behandelt, lässt sich das Ganze gleich schon besser ertragen. Lasst die etwas größeren Kinder das Handgepäck ziehen, gebt ihnen die Pässe für den Zollbeamten, erlaubt ihnen, selbstständig durch die Handgepäckkontrolle zu gehen, und macht einen Wettbewerb, wer als Erster das richtige Gate auf der Anzeigentafel findet.

A-E

132 Wohlfühlkleidung

Zieht euch und die Kinder bei Langstreckenflügen
warm und bequem an.
An Fensterplätzen zieht es gerne mal, und besonders
wenn man schlafen will, kühlt der Körper schnell aus. Schuhe ausziehen,
rein in die Kuschelsocken und schon fühlt ihr euch in der Metallkabine
deutlich wohler. Manchmal wird es aber auch richtig warm.
Zwiebeltechnik ist die beste Lösung!

133 Spielecke

Wenn ihr Sitze mit mehr Beinfreiheit habt, legt im Flugzeug
zu euren Füßen eine Spieldecke mit einigen Spielsachen aus:
Rasseln, Schnuffeltiere, Bücher usw. So müsst ihr euer
Baby nicht die ganze Zeit auf dem Arm halten, was auf Dauer sehr warm
und unbequem werden kann.

134 Schlafend ans Ziel

Die bequemste Art, lange Fahrten und Flüge zu überstehen, ist,
unterwegs zu schlafen. Um das zu erleichtern, gibt es kleinere Versionen von
Augenmasken für Kinder, die das Flackern von Bildschirmen ausblenden,
sowie Kopfhörer, die den Geräuschpegel dämmen.
Mit einem aufgespannten dunklen Tuch kann man auch versuchen,
den Sitz des Kindes ein wenig von der Außenwelt abzuschirmen.

135 Eigener Sitz fürs Baby?

Für Kinder unter zwei Jahren ist kein eigener Sitz im Flugzeug vorgesehen. Bei Langstreckenflügen ist aber eventuell die zusätzliche Buchung anzuraten, denn so hat man mehr Bewegungsfreiheit und kann auch mal ohne Kind im Arm schlafen. Am besten bei der Fluggesellschaft nachfragen, oftmals sind Sitze für Kinder unter zwei Jahren günstiger als der Standardtarif.

Tipp: Eine EU-Verordnung schreibt vor, dass Kinder unter zwei Jahren in Flugzeugen auf dem Schoß gehalten und mit einem sogenannten Loop-Belt, den die Fluggesellschaft bereitstellt, gesichert werden müssen. Haben Kinder einen eigenen Sitzplatz, ist eine gute Alternative der Cares-Kindergurt, der wie ein Satz Hosenträger für zusätzliche Sicherheit sorgt.

136 Schlucken hilft

Der Druckunterschied bei Start und Landung im Flugzeug kann besonders für Kinder in den Ohren richtig schmerzhaft sein. Trink- oder Milchflasche (bei Säuglingen und Kleinkindern) und Kaugummis (bei älteren Kindern) können durch die Schluckbewegungen Erleichterung bringen. Ebenfalls gut geeignet: Kaubonbons oder Rosinen.

137 Schreihals

**Ein verzweifelt schreiendes Baby an Bord,
das sich nicht beruhigen lässt? Albtraum!** Lasst euch nicht
aus der Ruhe bringen. Wenn ihr sicher seid, dass es satt und nicht durstig,
nicht zu kalt und nicht zu heiß ist und auch die Windel noch frisch ist –
dann habt ihr getan, was ihr konntet, und das Baby ist wahrscheinlich
nur irritiert und zuwendungsbedürftig.
Scheut euch nicht, es auf den Arm zu nehmen und mit ihm leise wiegend
und singend durch die Kabine zu gehen. Es wird sich irgendwann beruhigen.
Ehrenwort. Wenn ihr zu zweit reist, wechselt euch ab –
aber das ist doch eh klar, oder?

138 Gut gebettet

Auf Langstreckenflügen können sich Eltern von Säuglingen
ein Kinderbettchen reservieren. Diese befinden sich an den beliebten Sitzen
vor Küchen- und Sanitärblocks, was bedeutet, dass auch die Eltern
mehr Platz und Beinfreiheit genießen. Sollte die Reservierung
bei der Buchung nicht klappen, könnt ihr noch einmal beim Boarding
mithilfe der Crew versuchen, solch einen Platz zu ergattern.
Nur keine Scheu!

139 Gelassenheit

Immer schön locker bleiben! Wer während der Reise selbst nervös
und verängstigt ist, überträgt diese Unruhe auch auf die Kinder.
Was, wenn das Baby schreit? Na, und wenn schon, es ist ein Baby,
und Babys schreien nun mal. Das gehört dazu und geht auch wieder vorbei.
Wenn die Mitreisenden sehen, wie liebevoll und
gelassen ihr euch um euren Nachwuchs bemüht, werden sie euch
die kleine akustische Störung gerne verzeihen.

140 Kuscheln erlaubt!

Natürlich muss auch das Lieblingsstofftier mit in die Kabine.
Kuscheldecken und ein größeres Stofftier als Kissen
machen es nachts richtig gemütlich.

*Tipp: Wenn ihr Sorge habt, dass das Kuscheltier unterwegs
abhandenkommen könnte, spendiert ihm ein Halsband mit Leine und
bindet es am Handgepäck fest.*

141
Reichweitenmanagement

**Verstaut gleich zu Beginn der Flugreise
alle wichtigen Dinge in Reichweite:** Trinkflaschen und Zeitschriften,
eine Auswahl an Snacks und die Kuscheltiere. Überprüft, wo
die Spuckbeutel sind und ob sie im Bedarfsfall leicht zu öffnen sind
(manchmal müssen sie erst aufgerissen werden).

142 Stickerspaß für zwischendurch

Bunter Bilderspaß auf dem eigenen Flugzeugfenster:
Gelsticker sind günstig, einfach zu verpacken
und halten kleine Kinder eine ganze Weile bei bester Laune.

143 Kein Spaß

Elektronische Unterhaltungssysteme, bei denen man
über den am Kopfteil des Vordersitzes angebrachten Touch-Bildschirm
spielen kann, können beim Vordermann wegen
des ständigen Tappens Aggressionen auslösen.
Mäßigung und Rücksicht helfen weiter, will man es sich nicht
mit den anderen Passagieren verscherzen.

144 Zeitvertreib

Gute Offline-Beschäftigungen sind Notizblock und Bleistift.
Schnell hervorgezaubert, könnt ihr damit den kleinen Reisenden prima die
Zeit vertreiben. Auch Mal-, Sticker- und Rätselhefte, Buntstifte oder
Wachsmalfarben, Bücher, Magnet- und Kartenspiele oder Knetgummi
lassen sich gut im Handgepäck verstauen.
Bedenkt, dass Kleinteile die Tendenz haben, auf Nimmerwiedersehen
unter den Sitz zu rutschen oder durch Flugzeugkabinen zu fliegen.

145 Überraschung!

Die Kinder werden knatschig und zappelig?
Jetzt kommt der Moment für euren Joker! Überrascht die Kleinen
vielleicht mit etwas, das sie sich schon lange gewünscht haben.
Wenn ihr es hübsch als Geschenk verpackt, erhöht das die Spannung und
die Kleinen sind noch ein wenig länger damit beschäftigt.

146 Medienzeit

Tablets und Mobiltelefone sind aus dem Familienalltag
kaum noch wegzudenken. Dazu kann man so oder so stehen,
aber vollgeladen mit den liebsten Spielen, Hörspielen, Filmen oder E-Books
sind diese kleinen Wunderwerke der Technik gerade auf Reisen ein
Geschenk des Himmels. Kopfhörer und Ladekabel nicht vergessen!
In vielen Flugzeugmodellen gibt es einen USB-Anschluss und/oder eine
Steckdose. Bedenkt, dass manche Spiele nur mit
Internetverbindung laufen – WLAN über den Wolken
kann auch sehr langsam sein.

147 Was auf die Ohren

Fluglinienkopfhörer halten nicht gut auf Kinderohren. Es lohnt also,
spezielle Headsets für Kinder mit ins Handgepäck zu packen.
Und apropos Ohren: Spielzeug, das piept, trötet oder dudelt,
gehört nicht mit ins Flugzeug.
Eure Mitpassagiere werden es euch danken.

148 Geschenk des Himmels

Fragt im Flugzeug gezielt nach Activity Packs, den Überraschungssets
für Kinder, denn sie werden oftmals nicht mehr
automatisch ausgegeben, sind aber an Bord vorhanden.
Man sollte sich keinesfalls darauf verlassen, dass die Airline
etwas Sinnvolles an die Kinder ausgibt,
aber einen Versuch ist es wert, und für die Kinder ist jede
kleine Aufmerksamkeit ein Erlebnis.

149
Nachwuchs-Picassos

Malen geht fast immer – auch auf einem Flugzeugklapptisch.
Buntstifte haben gegenüber Filzmalern den Vorteil, dass sie nicht auf die
Kleidung oder die Sitze färben und keine Deckel verloren gehen können.
Dafür darf man einen Anspitzer mit Auffangcontainer nicht vergessen.
Eine anspitzfreie Alternative sind sogenannte Twister-Buntstifte,
deren Minen man aus dem Gehäuse drehen kann. Für kleinere Kinder sind
Wachsmalstifte besonders geeignet.

150

FREIGEPÄCK

Babynahrung, Babymilch und Babybrei
unterliegen nicht der
100-ml-Mengenbeschränkung und
dürfen mit ins Handgepäck.
Am besten macht ihr das Sicherheits-
personal bei der Kontrolle darauf aufmerksam,
dass ihr diese Dinge dabeihabt,
damit es zu keinen
Missverständnissen kommt.

151
Essen ist fertig!

Viele Fluggesellschaften haben auch ein Kindergericht
im Mahlzeitenrepertoire. Das muss man auf jeden Fall bereits vor dem Flug
bei der Airline bestellen. Fluggäste, die aus diätischen, religiösen oder
ernährungsphysiologischen Gründen spezielle Kost zu sich nehmen müssen,
werden vom Airline-Catering auch auf Vorbestellung berücksichtigt.

*Das geheime Plus: Kindermahlzeiten sowie andere Sondergerichte
in Flugzeugen werden immer vor den anderen Mahlzeiten serviert.
Das kann besonders praktisch sein, wenn man den Kindern
noch beim Essen helfen muss.*

152
Flugzeugessen fürs Baby

Wer mit dem Baby reist, braucht eventuell
gar keine Gläschen mitzunehmen. Auch hier lohnt es sich, bereits bei
der Buchung nachzufragen. Wer sich unsicher ist, ob
das Schätzchen die angebotene Babynahrung dann auch isst, sollte immer
Notfall-Gläschen der gewohnten Sorte im Handgepäck mit sich führen.
Vergesst nicht den gewohnten Löffel, Schlabberlatz, Abfalltüte und Tücher.
Babybreie im Flieger werden übrigens meistens nicht aufgewärmt.

153
Babymilch an Bord

Babymilch wird von den Fluggesellschaften nicht angeboten,
man darf sie aber durch die Handgepäckkontrolle bringen.
Wer warmes Wasser zum Anrühren des Babyfläschchens braucht,
sollte eine kleine Thermosflasche mitnehmen und diese gleich
zu Beginn des Fluges von der Stewardess auffüllen lassen.

Woraus besteht der MENSCH ?

AUS
KÖRPER
SEELE

PASS

AUS
RUSSLAND

154 Snacken ja, aber was?

Praktische Snacks für unterwegs sind zum Beispiel frisches Obst,
trockene Kekse und Cracker, Käsewürfel, Nüsse oder Pausenriegel.
Eine gute Idee für lange Fahrten sind belegte Vollkornbrote.
Im Hochsommer sollte man sie vielleicht nicht bis zum Ende des Tages
aufsparen, sonst sind Käse und Butter hinweggeschmolzen.
Ideal für die Reise sind auch Gebäckstangen, Salzbrezeln, Knäckebrot
oder auch ein Dauerlutscher oder Bonbons.
Gefrorene Weintrauben sind toll bei heißen Temperaturen,
denn sie haben wenige Kalorien, sind erfrischend und
benötigen eine längere Knabberzeit.

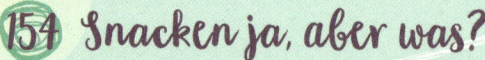

155 Platz da!

Zögert nicht, eure Essenstabletts nach dem Essen
schnell wieder loszuwerden. Kleine Kinder zappeln ja manchmal gehörig
auf ihrem Sitz und da erhöht ein heruntergeklappter Tisch
mit einem Tablett darauf das Malheur-Risiko.
Oft steht nach dem Essen auch ein obligatorischer Toilettengang
von Junior an, der partout nicht auf sich warten lassen kann, auch das
ist einfacher bei hochgeklappten Tischen.

156 Zeitvertreib Essen

Statt einmal groß zu essen, ist es besser, auf langen Reisen
mehrmals kleinere Mahlzeiten zu verzehren. Snacks
und kleinere Schmankerl sind zum einen ein guter Zeitvertreib, zum
anderen belasten kleinere Portionen den Körper nicht so sehr und
es tritt nicht so schnell Trägheit und Müdigkeit ein.

157 Überraschungsportionen

Kleine Leckereien, etwa Gummibärchen und
Cornflakes-Portionspackungen, sind toll für die Reise. Rosinen und Trauben,
Pfefferminz-Dragees kann man in Pillensortierern mit sich führen, die
die Kleinen nach und nach als Überraschung öffnen dürfen.

*Tipp: Ihr werdet Süßigkeiten im Alltag natürlich rationieren, doch
bei Reisen kann man diese Prinzipien ruhig ein wenig über Bord werfen.
Es ist möglicherweise wirkungsvoller, gutes Benehmen mit
süßen Sachen zu belohnen, als schlechtes Benehmen mit dem Wegnehmen
des Spielzeugs zu ahnden.*

158 Unbreakable

Auch wenn ihr es zu Hause anders handhabt:
Plastikflaschen sind für die Reise geeigneter als Glasflaschen.
Zum einen, weil sie nicht zerbrechen – und Kinder können sich bei einer
plötzlich notwendigen Vollbremsung die Zähne
nicht gefährlich daran stoßen.
Mineralwasserflaschen können zudem, vor allem nach dem Transport,
ganz schön unter Druck stehen und beim Öffnen für
eine ungewollte Dusche sorgen. Also doch lieber stilles Wasser?

159 Selbstvorsorger

Auch im Flieger gilt: besser mitbringen, was schmeckt.
Verlasst euch nicht auf das Snackangebot an Bord.
Habt besser dabei, was der Nachwuchs am liebsten isst – und damit
sind natürlich nicht nur Süßis oder Chips gemeint ...

160 Zwischenration

Auf Langstrecken gibt es oft auf Nachfrage auch Obst oder
Sandwiches als Snack zwischendurch.
Einfach mal bei der Bordküche vorbeischauen
und Hallo sagen.

161 Flasche dabei?

Fluggesellschaften geben Trinkwasser meist in offenen Bechern aus,
was für Eltern mit quirligem Nachwuchs ganz schön riskant ist.
Wenn ihr eigene Trinkflaschen oder Trinkbecher mit Deckel dabeihabt,
wird euch die Crew diese gerne auffüllen und ihr könnt sie dann
gut im Netz des Vordersitzes verstauen.

*Tipp: Wer dem Trinkwasser an Bord nicht vertraut,
sollte sich noch im Terminal entsprechend eindecken. Manchmal werden
am Gate jedoch noch einmal Flüssigkeiten abgenommen, deshalb
kann man sich auf diesen Trick leider nicht immer verlassen.*

162

TRINKEN, Trinken, TRINKEN

**Gerade über den Wolken
hat der Körper einen
enorm erhöhten Flüssigkeitsbedarf.**
Trinken, trinken und noch mal trinken
ist hier die Devise.
Insbesondere bei Langstreckenflügen
ist das übrigens die beste
Jetlag-Prophylaxe.

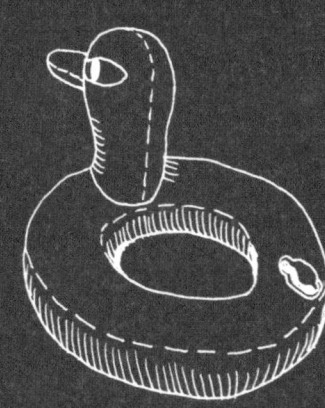

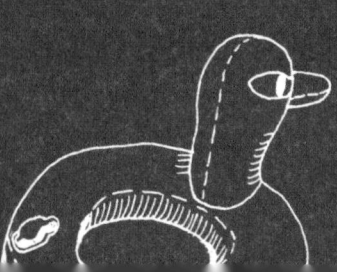

GEMEINSAMZEIT

Wow – endlich da, der Urlaub beginnt!
Mit den Tipps dieses Kapitels schafft ihr es, ein Kinderbett zu
improvisieren, den Restaurantbesuch gelingen zu lassen,
hartnäckig klebenden Sand von zarten Kinderfüßchen zu zaubern und
selbst unverbesserliche Spaziergangmuffel in Gang zu bekommen.
Es kann also in vollen Zügen genossen werden!

163 Nestschutz

Trotz Vorbestellung kein Gitterbettchen fürs Kleinkind bekommen?
Kauft euch vor Ort eine Poolnudel aus Schaumstoff und
legt diese unter das Spannbetttuch.
Oder rollt ein paar große Handtücher auf und legt sie unter das Laken.
Schon hat euer Kleines ein gemütliches und sicheres Plätzchen zum
Schlafen und kann sich wohl und geborgen fühlen.

164 Weicher landen

Wer Angst hat, dass sein Kind aus dem Bett fallen
und sich wehtun könnte, platziert eine Luftmatratze davor.
Die federt kleinere Stürze etwas ab.

165 Alle in einem Bett

**Buchung fürs Familienzimmer verhagelt
oder klamme Endurlaubskasse?** Wetten, dass zur Not auch mal
eine ganze Familie in ein Doppelbett passt! Wenn das Bett »quer«,
also um 90 Grad gedreht belegt wird,
hat die versammelte Familie eine zwar schlimmstenfalls
auf 140 Zentimeter verkürzte Liegefläche – aber das auf einer komfortablen
Familienbreite von ganzen zwei Metern.

166 Improvisation ist das halbe Leben

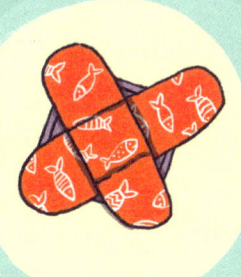

**Als Eltern seid ihr
längst Meister im Improvisieren:**
Mit ein paar Pflastern kann man schnell
und sicher Steckdosen abkleben und so
vor Kinderhändchen schützen.

Mit Kabelbindern lassen sich
Fenstergriffe, Wasserhähne und
Schranktüren sichern.

Um die Klinken
geschlungene Handtücher hindern
Türen am Zufallen. Mit Kissen
lassen sich harte Kanten und Ecken in
Kinderschläfenhöhe dämpfen.

Auch eingeschnittene Poolnudeln
können Türen vorm Zufallen sichern
oder Scharfes und Spitzes abpolstern.
Einfach aufstecken.

167
Malheur-Prophylaxe

Auch bei Kindern im Grundschulalter kann, vor allem in
ungewohnter Umgebung, nachts leicht mal ein Malheur passieren.
Damit die Matratze am Urlaubsort nicht in Mitleidenschaft
gezogen wird, legt eine Folie unter das Betttuch.
Ein aufgeschnittener Müllsack oder ein
von zu Hause mitgebrachtes Stück Duschvorhang reicht völlig aus.

168 Besser einschlafen

Ein kleines Nachtlicht von zu Hause, das gewohnte Kissen und
vor allem Kuscheltiere und Kuscheldecke mit vertrautem Duft helfen
kleinen Kindern, auch in der ungewohnten Umgebung
des neuen Feriendomizils selig einzuschlafen.

169 Türstopper

**Ein Himmelreich für einen Türstopper, damit
die Verbindungstür zum Kinderzimmer nicht ständig zufällt?**
Eine Socke oder Ziploc-Tüte mit Sand, Reis oder kleinen Steinchen
gefüllt und zugeknotet behebt das Problemchen.

*Alternative: Eine verschlossene Lebensmittel-Kilopackung oder
eine große (gefüllte) Konservendose.*

170 Keine Chance für Langfinger

Langfinger tummeln sich am liebsten in
Museen, in Bussen und Bahnen, auf Märkten oder bei Veranstaltungen,
also tragt an diesen Orten Rucksack oder Tasche mit
verschlossenem Reißverschluss vorne am Körper.
Und natürlich nehmt ihr immer nur das Nötigste mit und
verwahrt den Rest sicher im Hotelsafe.

171 Taschengeld

Fürs Eis beim Strandspaziergang, Bus- und Parktickets
oder den Euro für den Straßenmusiker tragt immer ein wenig
Kleingeld lose in der Hosentasche.
Somit vermeidet ihr, das große Portemonnaie für alle
sichtbar hervorholen zu müssen.

⑰ Kleine Wäsche

Keine Waschmaschine vorhanden?
In Kaufhaus und Versandhandel gibt es
Wundersachen für alle Zwecke, etwa den
»Scrubba-Waschsack«. Der verspricht enorme
Waschleistung für unterwegs.

Aber natürlich
funktioniert auch die althergebrachte
kleine Wäsche im Handwaschbecken.
Wer kein Waschpulver dabeihat,
nimmt Shampoo oder die Hotelseife.

Wenn es jetzt noch mit dem Trocknen
besonders schnell gehen soll, rollt die
ausgewrungenen Wäschestücke in ein trockenes
Handtuch oder einen Bademantel.
Jetzt fest drücken oder Kind draufstellen – bzw.
drehen, was das Zeug hält.

Die jetzt nur noch restfeuchte Kleidung trocknet schnell an der Sonne oder über dem (gewärmten) Handtuchhalter.

173 Mückenschutz

Stark riechendes Babyöl ist eine kinderfreundliche Alternative
zu giftigen Mückenschutzmitteln.
Wer konventionellen Produkten mehr vertraut, der sollte sich
bereits vor Urlaubsbeginn in der Apotheke beraten lassen
und einen Verträglichkeitstest auf der Haut des Kindes durchführen.
Vor Ort heißt es dann besonders bei Einbruch der Dämmerung:
lange leichte und helle Kleidung anziehen, um die Biester mit möglichst
wenig nackter Haut zum Anbeißen zu verführen.

174 Netzwerk

Nachts ist ein engmaschiges Mückennetz der beste Schutz.
Trekkingläden oder der Internethandel bieten eine große Vielfalt an Größen
und Qualitäten an. Reise-Babybetten sind oftmals bereits mit einem
Mückennetz ausgestattet. Aber achtet darauf, dass das Netz nicht
auf der Haut des Kindes aufliegt, denn sonst stechen die Quälgeister
ganz unverfroren einfach hindurch.

175 Mehrfachstecker

Bei der Vielzahl der elektronischen Geräte,
die man heute so mitnimmt, braucht man jede Menge Stromanschlüsse.
Packt einen Mehrfachstecker von zu Hause ein,
der ersetzt fehlende Steckdosen und erspart einem die Anschaffung
weiterer Stromadapter fürs Ausland.

176 Nummern-Armbänder

Eltern-Albtraum: Das Kleinkind hat sich im Marktgetümmel
oder auf der riesigen Fähre selbstständig gemacht.
Damit verloren gegangene Kleinkinder im Fall des Falles schnell wieder
eingesammelt werden können, stattet sie mit kleinen Armbändern aus,
auf denen ihr eure Handynummer angegeben habt.
Im Ausland Ländervorwahl nicht vergessen!

*Tipp: Alternativ schreibt dem Kind die Nummer mit
Kugelschreiber auf den Arm oder besorgt euch vor der Reise einen Stapel
personalisierter Klebetattoos mit eurer Telefonnummer.*

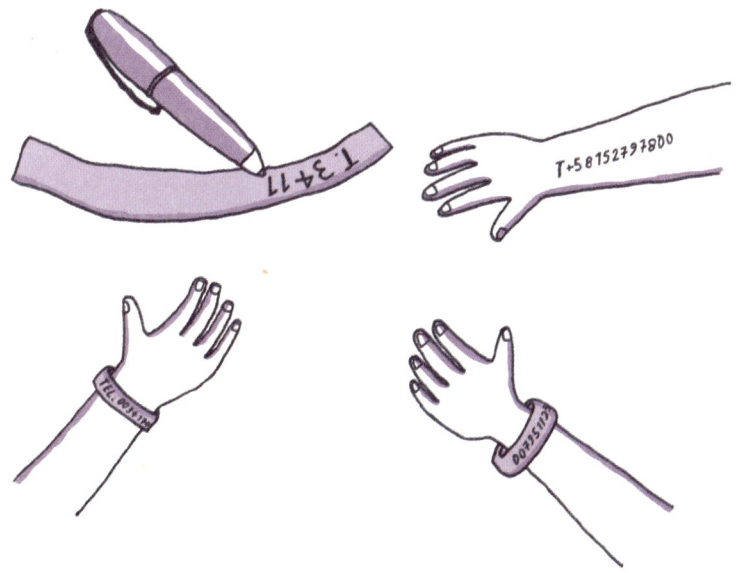

177 Rasende Reporter

Verwandelt eure kleinen Monster in Reisejournalisten,
um sie in die richtige Abenteuerstimmung zu bringen.
Versorgt sie mit einer preiswerten Kamera und
schenkt ihnen ein Tagebuch oder Reisejournal, in dem sie
ihre Eindrücke unterwegs festhalten können.
Mit Klebestift oder Fotoecken können sie Eintrittskarten,
Fahrkarten, Postkarten, Werbezettel und
andere Mitbringsel einkleben.
Ein tolles Souvenir am Ende der Reise!

178 Ab zur Touristeninfo

Touristeninfos sind eine wirklich hilfreiche Anlaufstelle.
Gerade Familien mit Kindern jeden Alters verraten die örtlichen Profis
gerne so einige Tipps und Tricks zur Destination.
Sie wissen, was speziell für Kinder interessant ist, und haben
den Top-Überblick über saisonale Feste und Aktivitäten.

179 Mini-Rucksack

Erlaubt eurem Kind, einen eigenen kleinen Rucksack
mit auf Tour zu nehmen, in den es selbst ein paar Spielsachen packen darf.
Achtet jedoch darauf, dass er nicht zu schwer bepackt wird.
Bis zu einem Alter von acht Jahren sollte höchstens ein Kilogramm
Gewicht mitgetragen werden.

180 Zeitmanagement

Plant eure Ausflüge und Aktivitäten
rund um den gewohnten Tagesablauf eures Kindes.
Geht spazieren oder zum Strand, wenn das Kleine aktiv ist, kehrt zum Hotel
zurück, wenn es Zeit ist für ein Schläfchen. Bedenkt, dass es
im Süden sehr heiß werden kann, und plant daher anstrengende Aktivitäten
eher früh am Morgen, wenn noch alle frisch und munter sind.
Nach Ausflügen, die vielleicht eher für die Großen interessant sind,
vergesst nicht, eine Sequenz
Spaß und Spiel für die Kleinen einzulegen.

181 Vorfreude mit Plan

Größere Kinder profitieren davon, wenn sie sich den Tagesablauf
am Urlaubsziel vorstellen können. Stellt zusammen mit den Kindern
einen losen Zeitplan auf, damit sie verstehen, wann man wo zu
sein hat und warum. So können sie selbst für sich entscheiden, wie sie ihre
freien Zeiten nutzen möchten – und die Vorfreude wächst.

182 Urlaubsrhythmus

Bedenkt, dass der Urlaubsalltag ein anderer ist als der Alltag zu Hause.
Besteht erst einmal nicht auf festen Schlafzeiten
und seid neuen Rhythmen gegenüber aufgeschlossen.
Gerade in südlichen Ländern werden die Leute erst am Abend richtig wach.
Es ist darum manchmal schwierig, vor 20 Uhr in Restaurants essen zu gehen.
Schlaft also lieber morgens lange aus, macht vielleicht tagsüber alle mal
eine Siesta und lasst die Kinder abends lange wach sein.
Einmal zu Hause, wird sich der alte Rhythmus
schnell wieder einpendeln.

183 Kinderprogramm

Checkt vor dem Besuch eines Museums, ob es
spezielle Angebote für Kinder hat. Oftmals gibt es kostenlose Broschüren,
Apps zum Downloaden, Schnitzeljagdkarten, eigene Ausstellungsbereiche
zum Anfassen, Spielbereiche, Workshops, Lesestunden und vieles mehr,
um den Kindern den Museumsbesuch zu versüßen.

184 Schatzsuche

**Eure Kinder verziehen das Gesicht bei der Ankündigung
eines ganz normalen Spaziergangs?** Dann versucht es doch, sie mit
einer Runde Geocaching hinter dem Ofen vorzulocken.
Geochaching ist eine Art weltweiter Schnitzeljagd, bei der man mittels
GPS-Tracking einen Gegenstand suchen muss, den ein anderer Teilnehmer
versteckt hat. Verschiedene Geocaching-Apps fürs Smartphone
kann man kostenlos downloaden.

185 Wie anno dazumal

**Die schöne, in Zeiten von Facebook und E-Mails
fast schon antiquiert anmutende Tradition
des Ansichtskarten-Schickens sollte nicht aussterben!**
Sucht mit den Kindern zusammen ein paar hübsche Postkarten aus und
lasst sie an Opa, Tantchen und die Klassenkameraden schreiben.
Die ganz Kleinen können noch ein Bildchen dazu malen, die Briefmarken
kleben und die Postkarten durch den Schlitz des Briefkastens stecken.
Nicht vergessen, die Adressen von zu Hause mitzunehmen!

186 Relax!

Vergesst vor lauter Tatendrang und Entdeckerfreude nicht,
im Urlaub auch richtig zu entspannen, gerade wenn ihr zu Hause
einen angefüllten und durchgetakteten Alltag habt.
Unternehmt nur das, was euch wirklich Spaß macht, verbringt viel Zeit
mit den Kindern, sucht ruhige Orte aus und lasst alles langsam angehen.
Sonst habt ihr am Ende viel gesehen, aber fühlt euch nicht erholt.

(187) Trinken ist gesund

Bevor ihr Wasser aus der Leitung trinkt,
erkundigt euch, ob dieses gut trinkbar ist, anderenfalls versorgt euch mit
großen Trinkwasserkanistern aus dem örtlichen Supermarkt.
Dies gilt auch fürs Zähneputzen, Nudelkochen und
das Abkochen von Schnuller und Milchflaschen.
Für Öko-Fans und Wegwerfvermeider: Im Trekkingbedarf gibt es
Wasserfilterflaschen, die mit UV-Licht in Minutenschnelle
jedes Wasser keimfrei machen.

(188) Plagegeister ade

Lästige Wespen und Stubenfliegen
verscheucht ihr mit einer halb aufgeschnittenen Zitrone,
in die ihr eine Handvoll Gewürznelken steckt.

(189) Mamas Stockbrot

Spontanes Lagerfeuer und die Rasselbande hat auf einmal
schrecklich Lust auf Stockbrot?
Hiermit gibt es Extrapunkte für Mama:

150 g Quark mit 3 EL Milch, 6 EL Pflanzenöl und 1 Ei verrühren.
Dann 300 g Mehl mit 3 TL Backpulver und etwas Salz mischen;
unter die Quarkmischung heben und verkneten.
Wer mag, gibt noch Rosmarin oder Thymian dazu.

Teig in sechs gleich große Stücke teilen und
jedes Stück zu einer 2 cm dicken Wurst rollen.
Stöcke (am besten Birke, Weide, Haselnuss) an einem Ende mit
dem Taschenmesser anspitzen und die Teigwürste vom spitzen Ende
aus herumwickeln. Stockbrote drehend über der Glut rösten.
Lecker mit Kräuterquark oder Tsatsiki.

190 Erfrischungsstäbchen

Tolle Erfrischung für unterwegs: eine saftige Wassermelone.
Wenn danach nur nicht das ganze Kind – und womöglich
noch der Autositz – kleben würde. Was hilft?
Die Melone in schmale Stifte schneiden! So wird das pappige Vergnügen
im Handumdrehen zur manierlichen und nicht minder
erfrischenden Angelegenheit.

191 Apfeltrick

Hilfe, mein Kind isst Äpfel nur in Scheiben?
Kein Grund zur Aufregung. Vorab aufgeschnittene Äpfel lassen sich
unterwegs per Gummiband zusammenhalten, bis sie verzehrt werden;
das verhindert das Braunwerden.

192 Kurz angebunden

Wenn ihr euch zum Essen in ein Restaurant oder
eine Strandbar setzt, setzt das Stuhlbein durch die Schlaufe eurer
Handtasche oder eures Rucksacks. Das macht es Handtaschendieben
schwer, einfach so mit eurem Hab und Gut davonzurennen,
selbst wenn ihr durch die Kinder abgelenkt seid.

Wenn die großen

FERIEN zu ENDE gehen,

~ wenden ~
sich MILLIONEN
glücksstrahlender
GESICHTER
der SCHULE zu.
Die Gesichter
der MÜTTER.

KALENDERSPRUCH

193 Staffellauf

Manche Restaurants servieren erst die Mahlzeiten
für die Kinder in der Annahme, dass diese sich weniger gut gedulden können
oder dass die Eltern beim Essen mithelfen müssen.
Das kann natürlich dazu führen, dass den Kindern bereits langweilig ist,
wenn die Eltern endlich ihre Mahlzeiten serviert bekommen.
Bittet entweder darum, dass alle Gerichte zusammen serviert werden,
oder habt Spielsachen oder Malbücher zur Unterhaltung dabei.

194 Halbe Portion

Eure Kinder lehnen die Gerichte der Kinderkarte ab?
Vielleicht sagt ihnen etwas von diesen Sachen mehr zu: eine kleine Portion
vom Erwachsenengericht, eine Vorspeise, Kostproben der Speisen anderer
Familienmitglieder (auf einem eigenen Teller, natürlich)?
Wenn alles nichts hilft, könnt ihr immer noch in der Küche nachfragen,
ob man Nudeln mit Butter oder Reis mit Gemüse der Saison
für das kleine Leckermäulchen zubereiten würde.

195 Vorsicht!

Vergesst nicht, dass in vielen exotischen Ländern
Lebensmittel nicht nach unseren Hygienestandards aufbewahrt
und verarbeitet werden. Dies gilt besonders für frische Obstsäfte,
Street Food, Eiscremes und Eiswürfel.
Das Motto bei der Lebensmittelauswahl sollte deshalb sein:
Koch es, schäl es, brat es – oder vergiss es!

196

OHNE SCHARF

Viele Nationen lieben ziemlich
scharfes Essen. Da ist es gut, wenn man
vor der Reise ein paar wichtige Floskeln
in der entsprechenden Sprache paukt,
damit der Nachwuchs nicht ungewollt
einen glühenden Rachen oder
eine Magen-Darm-Irritation davonträgt.
Auf Thailändisch zum Beispiel heißt es:
»Mai Phet« – »Nicht scharf!«

10 GRÜNDE, warum ihr immer ein HAMAM-TUCH dabeihaben solltet

197 Leichtgewicht

Hamam-Tücher sind dünner und leichter als normale Badetücher und trocknen deutlich schneller. Sie sind perfekt für Pool oder Strand und passen auch ins Handgepäck.

198 Zauberteppich

Auf den Boden des Flugzeugs gelegt, kann man damit schnell eine kleine Spiel-ecke für Babys schaffen.

199 Sonnendicht

Über den Buggy gespannt, ist ein großes Hamam-Tuch ein toller Sonnenschutz für kleine Kinder.

200 Vorhang to go

Wenn eure Kinder nur bei Dunkelheit
schlafen, kann man damit das Licht
dämmen.

201 Kofferorganizer

Ihr könnt damit Dinge
im Koffer fixieren, damit sie
beim Zusammenklappen nicht
aus der Kofferhälfte fallen.
Einfach über die Sachen legen
und an den Seiten
gut einstecken.

202 Babytragetuch

Das Hamam-Tuch ist ein
echter Allrounder, auch ein Babytragetuch
lässt sich daraus machen.

203 Gut gegen Nordwind

An kühlen Tagen oder an zugigen Fensterplätzen macht sich das Tuch ideal als Umlegedecke.

204 Wickelunterlage

Das Tuch ist perfekt als Notfallunterlage zum Windelwechseln. In dem Fall auch sehr praktisch: Das Tuch wird zum Reinigen einfach der Maschinenwäsche beigefügt. Spezielle Waschmittel sind nicht erforderlich.

205 Schlafkissen

Um den Autogurt gewickelt, wird aus dem Saunatuch ein improvisiertes Kissen.

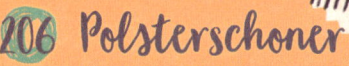

206 Polsterschoner

Über den Rücksitz im Auto gelegt, schützt ein Hamam-Tuch das Polster vor essenden und trinkenden Kindern. Krümel lassen sich so einfach am nächsten Rastplatz ausschütteln.

207 Drachenflieger

Nicht jeder Strandtag ist ideal zum Sandburg-Bauen oder Planschen.
Aber wenn nun einmal der Wind ordentlich bläst, ist das
rund ums Jahr genau der richtige Tag, um seinen Drachen steigen zu lassen.
Denn hier sind keine Bäume, Oberleitungen oder Zäune im Weg
und der Auslauf ist quasi unbegrenzt. Ideal sind kleine faltbare Taschen-
drachen, die kann man immer dabeihaben.

208
Sandspielzeug-Taschenset

Unterwegs entscheidet ihr euch für eine spontane Rast am Strand.
Aber wer hat schon immer das komplette Sandkastenset
mit Eimerchen, Schaufel und Förmchen dabei?
Aus ein paar robusten Kunststofflöffeln, ein paar Stapelbechern und
einem Teesieb lässt sich ein kleines Taschensandkastenset
zusammenstellen, das immer im Rucksack dabei ist

209 My home – my castle

Eine tolle Einrichtung für Familien mit
kleinen Kindern sind Strandmuscheln, die wie ein halbes Zelt
für Schatten und Windschutz sorgen. Viele Babys schlafen ausgezeichnet
in ihrem Schutz, etwas größere Kinder nutzen die Strandmuschel
wie ein kleines Häuschen zum Spielen und Verstecken.

210 Zaubermittel

Babypuder wirkt in Windeseile Wunder bei
nassen, sandigen Händen und Füßen. Einfach auf die
betroffenen Stellen geben. Das Puder saugt das Wasser auf und
der Sand lässt sich leicht abklopfen.

211 Geldversteck

Eine zusammengerollte – natürlich saubere Windel – ist perfekt,
um Wertgegenstände am Strand aufzubewahren. Potenzielle Diebe werden
mit Sicherheit zögern, hier genauer nachzuschauen.

*Alternative, um Geldscheine zu verstecken: leere Lippenstift-Hüllen.
Oder Sonnenmilchflaschen auswaschen
und an einer unauffälligen Stelle aufschneiden.*

212
Hiiilfe, Pipialarm!

Kinder haben die Tendenz, erst in der letzten Minute zu verkünden,
dass sie mal müssen. Doch wohin am Urlaubsort?
Die kostenlose Handy-App »Toilet Finder« für iPhone und Android
gibt schnell Auskunft über öffentliche Toiletten, selbst im Ausland.
Mehr als 150.000 WCs sind in der App verzeichnet.

213
Deckel drauf

Ein faltbares Reisebettchen lässt sich wunderbar
zur Outdoor-Krabbelzone fürs Baby umfunktionieren.
Ein simples Spannbetttuch über die oberen vier Ecken gespannt
hält unerwünschten Insektenbesuch ab.

214
Eincremen, aber richtig

Sonnenmilch muss mindestens 30 Minuten vor
dem Sonnenbad aufgetragen werden. Kommt noch Mückenschutzmittel
hinzu, dann dieses erst nach der Sonnenmilch auf die Haut bringen.
Nach jedem Schwimmen wieder eine neue Schicht
Sonnenmilch auftragen und nicht vergessen:
Kleidung schützt nicht automatisch vor Sonnenbrand.

215
Autsch Sonnenbrand!

Hat euer Kind trotz Vorsichtsmaßnahmen am Abend
doch einen glühenden Sonnenbrand, tragt kühlende Aloe-Vera-Creme auf
die betroffenen Stellen auf, das lindert direkt.
Schwerere Sonnenbrände könnt ihr mit naturheilkundlichem
Combudoron-Gelee aus der Apotheke behandeln.

216 Sandfreie Zone

Sand, der ständig auf die Stranddecke weht, ist lästig:
Statt einer Picknickdecke könnt ihr am Strand ein großes Spannbetttuch
verwenden. Taschen in die vier Ecken des Tuches stellen und
den Tuchrand daran hochziehen. Das ergibt eine Wand
und der Sand bleibt größtenteils draußen.

Time to say Goodbye

Immer dasselbe: Viel zu schnell ist der Urlaub zu Ende. Aber schon mit kleinen Tricks könnt ihr die gute Stimmung auch weit über Heimreise und Ankommen hinaus retten.

217 Rückkehr planen

Die Anreise ist meist gut geplant.
Schade wäre es dann, wenn eine stressige Heimreise
das Urlaubsglück gleich wieder verfliegen lässt. Also auch hier
alles im Kopf durchgehen, lieber etwas reichlich Zeit einplanen,
und nicht vergessen: noch einen Joker für
die Bespaßung der Kinder aufheben.

218 Checkliste für die Abreise

Ist ja schön, dass ihr auf der Hinfahrt nichts vergessen habt.
Damit das auch auf der Rückreise nicht passiert,
nehmt euch am besten eure Packliste von der Hinfahrt, die ihr
beim Kofferpacken nach und nach abhakt.

219 Kleidung aussortieren

Der Sommer ist kurz in Deutschland
und Kinder wachsen schnell. Überlegt kurz, ob wirklich alles
wieder mit nach Hause muss.
Eventuell könnte ein einheimisches Kind am Urlaubsort die Kleidung noch
besser nutzen. Sammelcontainer für Altkleidung
finden sich an vielen zentralen Orten in der Nähe von
Kirchen, Tankstellen und Supermärkten.

220
Dreckwäsche vorsortieren

Sammelt beim Packen für die Heimreise
alle dreckigen Kleidungsstücke zusammen in einem Koffer.
Der kann dann zu Hause direkt vor
der Waschmaschine abgestellt werden.

221 Langsam ankommen

Lasst euch Zeit an den ersten Tagen nach der Rückkehr
und erlaubt euch, in Ruhe wieder in einen guten Alltagsrhythmus zu finden.
Es wird noch ein paar Tage dauern, die Wäsche zu waschen
und die Koffer wieder bis zum nächsten Urlaub zu verstauen.
Seid geduldig mit den Kindern, auch sie müssen sich erst wieder
zu Hause einleben. Genießt es einfach, so lange
noch ein wenig im Urlaubsgefühl zu verharren.

222 Alltagsrituale

Macht den Kindern deutlich, dass zu Hause wieder
die gewohnten Schlafenszeiten gelten. Plant wenn möglich eure Tage so,
dass die Nachmittage stressfrei bleiben. Und wenn das Kleine
dann trotzdem abends nicht ein- oder nachts nicht durchschlafen kann,
reagiert mit Nachsicht. In spätestens zwei Wochen
sollte sich alles geregelt haben.

Nach dem Urlaub ist vor dem Urlaub.

Anstatt sich einem Post-Urlaubsblues hinzugeben, schmiedet gleich einmal Pläne für den nächsten Urlaub. Es muss ja kein großer sein. Ein Wochenendtrip reicht völlig aus. Und wenn ihr schon dabei seid, überlegt, was diesmal gut gefallen hat und was ihr beim nächsten Mal anders und besser machen wollt. Am besten aufschreiben!

NIE MEHR LANGEWEILE

Unterschiede und Gemeinsamkeiten in Bildern entdecken,
Sprach- und Ortskenntnisse aufpolieren und
geniale Papierflieger falten – mit den Spielen und Rätseln auf
den folgenden Seiten kommt unterwegs
keine Langeweile auf.

IDA   THEO   GERDA   NICOLA

Wem gehört was?

Schau dir Koffer und Personen genau an.
Was meinst du, wer ist mit welchem Gepäck unterwegs?
Verbinde sie mit Linien.

Doppelgänger gesucht

Gestreift, geschuppt, geringelt – jeder Fisch sieht anders aus.
Doch halt, ein Pärchen hat sich im Bild versteckt!
Findest du es? Dann kreise beide ein.

Auf dem richtigen Weg

Nur einer der Wege führt
Lara vom Strand zurück zu Zelt und Bruder. Fahre die Linien mit
dem Finger nach. Welcher Weg führt ans Ziel?

Globetrotter aufgepasst

Wie begrüßt du Einheimische, wenn du sie vor diesen Wahrzeichen ihrer Stadt triffst? Schreibe Zahl oder Floskel in die Sprechblasen.

A

B

C

D

E

BOM DIA! **1**

Buongiorno! **2**

Hello! **3**

BONJOUR! **4**

Goede dag! **5**

Flugzeug Marke Eigenbau

Du brauchst ein Blatt Papier (DIN A4) und dann heißt es: falten, falten, falten. Hier entsteht ein genialer Kurvenflieger:

1. Die oberen Ecken nach innen falten.

2. Nun die Spitze nach unten klappen.

❶

❷

❸

3. Die Ecken nach innen falten.

4. Die Papierspitze über die Kante falten.

5. Das Papier in der Mitte zusammenfalten.

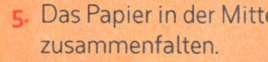

❹

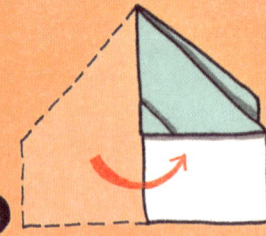

❺

❻

6. Die Papierkanten an den Flügeln schräg nach unten falten. – Guten Flug!

Auto-Bingo

Mit Auto-Bingo vergeht die Fahrzeit wie im Flug.
Kannst du alle Motive in der vorbeiziehenden Landschaft entdecken?
Wer zuerst drei Motive in einer Reihe hat, gewinnt das Spiel.

Finde 10 Unterschiede

Manches fehlt, anderes ist zu viel. Oder sind Form
und Farbe anders? Findest du alle Fehler im unteren Bild?
Der zehnte ist wirklich schwierig zu entdecken!

1. SEITE___

2. SEITE___

3. SEITE___

4. SEITE___

5. SEITE___

Für Genauhingucker

Segelboot, Plüschtier, Pflanze und die anderen sind in den Bildern im Buch versteckt. Also schnell noch mal durchgeblättert! Findest du sie alle?

NOTIZEN

NOTIZEN

Lösungen Spiel & Spaß–Seiten

Seite 130: Ida – B, Theo – D, Gerda – A, Nicola – C

Seite 131: Das Fischpärchen hat sich gefunden.

Seite 132: Weg A führt zum Zelt.

Seite 133:
A – 4: Paris (Frankreich) > Bonjour!
B – 1: Rio de Janeiro (Brasilien) > Bom dia!
C – 3: Sydney (Australien) > Hello!
D – 2: Pisa (Italien) > Buongiorno!
E – 5: Brüssel (Belgien) > Goede dag!

Seite 136:

Seite 137:
Bild 1 – Seite 123; Bild 2 – Seite 80; Bild 3 – Seite 57;
Bild 4 – Seite 17; Bild 5 – Seite 72

Reisen veredelt den GEIST

/UND/ räumt mit

VORURTEILEN

auf.

OSCAR WILDE

Impressum

Konzeption: Monique Sorban
Projektmanagement: Stefanie Lipke und Monique Sorban

Text: Silke Elzner, www.miniglobetrotter.de
Redaktion & Lektorat: Silwen Randebrock, www.textum.biz
Illustration: Marie Geißler, Berlin, www.mariegeissler.de
Grafik & Satz: Nicola Hammel-Siebert,
Weimar, www.zebraluchs.de
Herstellung: Ramona Lamparth

Printed in Italy

MIX
Papier aus verantwor-
tungsvollen Quellen
FSC® C015529
FSC
www.fsc.org

Alle Angaben in diesem Buch wurden von
den Mitarbeitern des Verlags sorgfältig recherchiert und
auf Aktualität und Stimmigkeit geprüft.
Eine Garantie wird jedoch nicht übernommen. Der Verlag kann für
eventuell auftretende Fehler und Schäden nicht haftbar gemacht werden.

Über Rückmeldung und Verbesserungsvorschläge freuen wir uns:
DuMont Reiseverlag, Postfach 31 51, 73 751 Ostfildern,
info@dumontreise.de

1. Auflage 2018
© DuMont Reiseverlag, Ostfildern
Alle Rechte vorbehalten.
ISBN: 978-7701-8484-2
www.dumontreise.de